NF文庫
ノンフィクション

私だけが知っている昭和秘史

GHQ[連合国軍総司令部]異聞

潮書房光人新社

序

元「文藝春秋」編集長　堤　堯

平成十七年九月の某日、六時間にわたって小山健一さんの話を聞いた。いやはや面白い。ジャーナリストにとってこの種の秘話は、宝石商が稀有な宝石を手にする興奮にも似て、時の経つのを忘れた。

私がジャーナリストになり立てのころ、すでに小山さんの令名は轟いていた。どちらかと言えば梟雄《きょうゆう》、悪名として。しかしこの「悪」は「悪源太」の「悪」、英語でいうなら「Guts」で、根性・勇気を意味する。

その小山さんが戦艦「武蔵」の砲術将校だったとは知らなかった。「武蔵」は敗戦の前年、レイテ沖海戦で撃沈された。小山さんは、いかにして生き延びたのか？　以後、小山さんは三度の撃沈を無傷で生き延びた。恐るべき強運の持ち主である。小山さんは神戸高等商船学校の出で、海を愛した。八十五歳の今も昭和企業を率いて、日中間に船を走らせる。そのような男の「Ｇｕｔｓ」を、海神もまた愛し、その命を救ったとしか言いようがない。

戦後、小山さんは運輸省の役人として、様々な終戦処理に当たった。その次第は本書の「朝鮮への日本船引き渡し」（第一章）や「朝鮮総督府ビル奪還」（第二章）の秘話として、実に生き生きと語られている。ここでも小山さんは、問題処理のピンチに根性と勇気、Ｇｕｔｓを示した。驕り昂ぶる占領軍や朝鮮人を相手に一歩も退けを取らない。いまどきの官僚とは隔世の感がある。

小山さんが松田竹千代と「伯父・甥」の関係にあったとは、これまた知らなかった。松田はアダ名を「テキサス無宿」、鳩山派の驍将として戦後の政界に活躍した。その松田が小山さんに語った秘話、金丸信が小山さんに語った秘話……いずれも初めて耳にする話で、昭和史の舞台裏を彷彿とさせる。

とにかくこの小山語録は、まさに波瀾万丈の長編映画を見る思いがある。読む者を堪能させること請け合いだ。

二〇〇五年十月吉日

私だけが知っている昭和秘史——目次

第二部 —— 戦後秘史

第一章 朝鮮への日本船舶引き渡しを阻止

第二章 朝鮮総督府ビル奪還秘話

第三章　金丸信、北朝鮮外交の真実

第三部——戦中・戦後史を語る〔出席者／小山健一 vs 堤堯　構成／早瀬利之〕

第一章　松田竹千代政務次官を語る

第四章　金丸信の土下座外交の真相

写真提供／著者・雑誌「丸」編集部・米国立公文書館

世界最大級の戦艦「武蔵」。「大和」と同型で、昭和17年完成。同19年のレイテ沖海戦で沈没

昭和18年、聯合艦隊・第一艦隊の旗艦だった戦艦「武蔵」に乗り組んだ際の記念写真（於、トラック島）。２列目の左から３人目が小山健一少尉、前列中央が田結少尉（ケップガン）

昭和20年２月上旬に開かれたヤルタ会談。前列左からチャーチル、ルーズベルト、スターリン

昭和20年７月17日から８月２日にかけて、米英ソの三巨頭が参加して開催されたポツダム会議

昭和20年９月２日、戦艦「ミズーリ」艦上での降伏文書調印式。左端はマッカーサー最高司令官

東京日比谷の第一生命相互ビル内に設置されたＧＨＱ（連合国軍最高司令官総司令部）本部

北朝鮮の金日成総書記

旧朝鮮総督府ビル（現在は共栄火災ビル）

マイクの前で演説する韓国の李承晩大統領

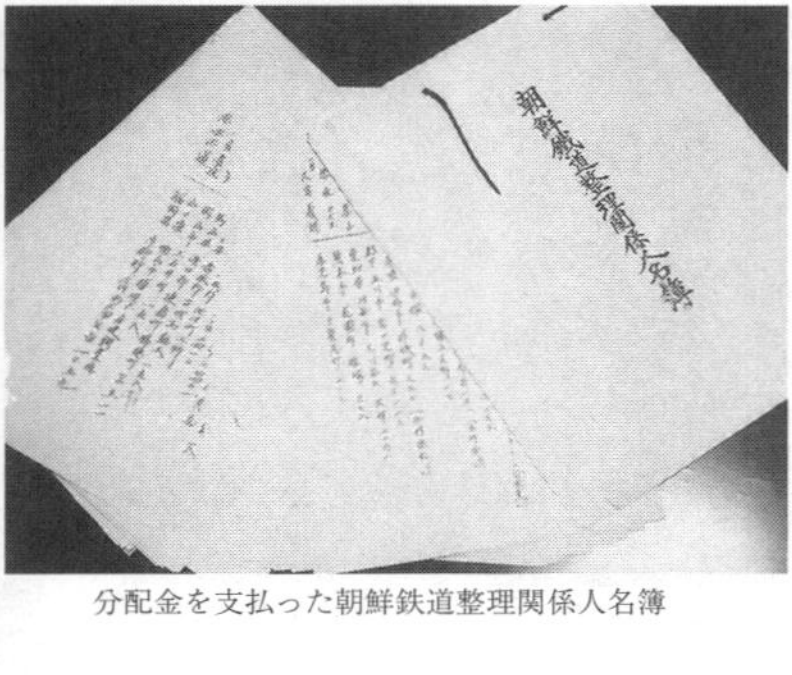

分配金を支払った朝鮮鉄道整理関係人名簿

◎総理府告示第四十三号
朝鮮総督府交通局共済組合の本邦内にある財産の整理に関する政令（昭和二十六年政令第四十号）第三条第二項の規定に基き、朝鮮総督府交通局共済組合の特殊整理人を昭和二十六年三月六日次のように選任した。
昭和二十六年三月二十九日
内閣総理大臣　吉田　茂
氏名　住所
小山　健一　横浜市金沢区六浦町四二七九番地

著者が朝鮮総督府交通共済組合の
特殊整理人に選任された総理布告

私だけが知っている昭和秘史

――GHQ［連合国軍総司令部］異聞

第一部——戦前秘史

米内光政（よない・みつまさ）

明治13年3月、岩手に生まれる。盛岡戸長米内受政《ながまさ》の長男。明治34年12月海兵卒。38年1月「雷《いなづま》」乗組。38年8月「磐手《いわて》」分隊長。大正1年12月～3年5月海大（甲）学生。4年2月～6年4月ロシア駐在。8年12月軍令部参謀。9年6月～11年12月欧州出張。14年12月少将。第二艦隊参謀長。昭和3年12月第一遣外艦隊司令官。5年12月中将。鎮海要港部司令官。7年12月第三艦隊司令長官。8年11月佐鎮司令長官。9年11月第二艦隊司令長官。10年12月横鎮司令長官。11年12月聯合艦隊司令長官。12年2月海相。12年4月大将。14年8月軍事参議官。15年1月予備役。15年1月～15年7月首相。19年7月現役復帰。海相。昭和23年4月20日死去。

松田竹千代（まつだ・たけちよ）

明治21年2月、大阪府に松田小一郎・といの四男として生まれる。35年7月大阪府立岸和田中学を中退、渡米。44年6月ニューヨーク大学を修了、のちに同大学名誉法学博士。大正3年5月、我が国初の隣保事業「有隣園」を経営。昭和3年2月衆議院議員初当選（田中義一内閣）、以後通算12回当選。14年1月海軍政務次官就任（平沼騏一郎内閣）。30年3月郵政大臣（鳩山一郎内閣）、34年6月文部大臣（岸信介内閣）。39年11月勲一等・瑞宝章。44年7月衆議院議長に就任、44年12月財団法人アジア孤児福祉教育財団理事長、45年4月旭日大綬章。47年12月政界を引退、48年に南ベトナム孤児救援のため現地に出向き、孤児職業訓練所を建設。55年12月1日死去。

山本五十六（やまもと・いそろく）

明治17年4月、新潟に生まれる。儒学者・長岡藩士高野貞吉の六男、のちに絶家山本家を継ぐ。明治37年11月海兵卒。38年1月「日進」乗組。38年5月戦傷。43年12月海大（乙）学生。大正3年12月～5年12月海大（甲）学生。8年5月～10年7月アメリカ駐在。10年12月海大教官。13年12月霞空副長兼教頭。昭和4年10月ロンドン会議全権随員。4年11月少将。5年12月航本技術部長。9年11月中将。10年12月航空本部長。11年12月海軍次官。13年4月～11月兼航空本部長。14年8月聯合艦隊司令長官。14年8月～16年8月兼第一艦隊司令長官。15年11月大将。18年4月18日ソロモン上空で機上戦死。元帥。18年6月5日国葬。

第一章——海軍三首脳、天皇陛下への直訴

海軍政務次官・松田竹千代　陸軍の三国同盟に猛反対する

松田竹千代は明治二十一年二月二日、大阪府泉南郡下荘村、現在の阪南町ですが、そこで松田小一郎・といの四男として生まれました。

明治三十五年七月に大阪府立岸和田中学（現・岸和田高校）を中退して渡米、種々の仕事をしたあと、ニューヨーク大学に入ります。

明治四十四年六月、ニューヨーク大学を修了し、帰国しました。二十三歳でした。アメリカから帰国後のことです。

松田竹千代は、大正三年五月、わが国では初めての隣保事業「有隣園」を経営しました。ニューヨーク大を卒業したほどの人物ですから、アメリカをよく知る一人でして、政治に興味を持ち、昭和三年二月の衆議院議員選挙に立候補し、みごとに初当選します。

以後、終戦後も衆議院議員となり、昭和三十年には郵政大臣に、昭和三十四年には文部大臣に、昭和四十四年には衆議院議長に就任し、昭和四十七年十二月に政界を引退しますが、清廉潔白な人格者でした。

話は戻りますが、松田は衆議院議員十一年目の昭和十四年一月、海軍省政務次官になります。

当時の海軍大臣は、昭和十二年二月に就任した米内光政大将でした。また、松田の下につく事務次官は、米内が海相になる前の昭和十一年十二月に事務次官に就任していた山本五十六です。

やがて松田は海軍大将相当官になる〈海軍政務次官〈参与官〉〉。

米内海相、松田政務次官、山本事務次官の良識派名コンビは、松田が政務次官に就任した昭和十四年一月から、米内が軍事参議官に就任、また同時に山本五十六が聯合艦隊司令長官に就任した昭和十四年八月まで続きます。

なお、平沼内閣は、「独ソ不可侵条約」を結んだことで、昭和十四年八月に辞職し、陸軍大将の阿部信行に組閣が下り、陸軍大臣は板垣征四郎から畑俊六〈前侍従武官長〉に、海軍大臣には米内から吉田善吾〈前聯合艦隊司令長官〉に代わり、米内は軍事参議官に、山本は吉田の後任、聯合艦隊司令長官に転出されますが、政務次官の松田竹千代はしばらく残り、吉田をサポートします。

良識派三人が、揃って猛反対した大きな問題、しかもそのことが、結果的には平沼内閣を辞職に追い込むことになった「日独伊三国同盟」問題です。

松田竹千代が語る山本五十六事務次官の勇気

私は松田竹千代から、海軍が三国同盟に反対した話を聞かされていました。

当時、陸軍は防共協定を、日独の軍事同盟に切りかえることで画策しています。やがて陸相と外務大臣（宇垣一成）との間に話が進み、平沼内閣になってからは「日独軍事同盟」の問題へと進展し、強行突破されそうでした。

平沼内閣は五相会議（有田外相、米内海相、板垣陸相ら）でこの問題を取り上げますが、海軍は米内、松田、山本のトップ三人が猛反対した。なかでも中心人物が山本五十六で、彼の在職中はそれを守り通しています。

当時の世論は、「三国同盟を結ぶべし」でしたから、海軍の三人は体を張っての猛反対でした。

ある日、海軍省の赤レンガの壁に右翼の連中が「山本のバカヤロー」と落書きする。それを守衛が消す、また落書きをする、また消す、といったぐあいだった、と当の松田竹千代が私に話してくれたものです。

松田によると、陸軍省の有末精三軍務課長（少佐）は、何回も海軍省にきて山本に面会を申し込んできたそうです。

あまりしつこいので、ついに山本は、

「今、昼飯を食っとるから会えん」

と言って追い返す。

昼食が終わった頃、またくる。すると山本は、

「昼食のあとは昼寝をせにゃならんから会えん」

と断わった、というエピソードがあったが、松田と米内は、山本事務次官を応援していたんだね。

昭和十四年五月二十五日の五相会議では、

「東京駐在の独伊両大使を通じて、総理は総論的にヒットラー、ムッソリーニに呼びかけ、外務大臣は各論的に両国の外相に申し入れ、最後まで成立に努力するが、それでも先方と日本との見解に懸隔があれば、この問題を打ち切る。不成立になってもやむをえない」(芦田均「第二次世界大戦外交史」)

というムードでした。

米内、松田、山本の三人は、

「三国同盟条約は下手にいけば国運を賭ける問題で、海軍としては実際に国防の責に当たれるか否かの問題、米英を向こうに回すことになる」

と反対でした。

そのうちにアメリカは中立法を修正し、外国への武器の売却を良しとする修正案を「一九四〇年一月まで延期」という条件で上院外交委員会が可決します。

さらに七月二十六日には、経済戦争である日米通商航海条約の廃棄を日本政府に通告してきます。

アメリカは日本への石油や鉄クズなどの輸出を禁止し、さらにはアメリカにある日本の財産を凍結する事まで具体化してきます。

天皇陛下への直訴、東条英機に漏れる「東条は私との約束を守らなかった」

すでにこの頃から、日本はアメリカ、イギリスを相手に戦争をする政策が進んでいました。

しかし三人は、ここでも猛反対です。山本は松田に、

「日米の海軍力は三対五、生産力は一対五」

と、名刺の裏に書いて見せたそうです。松田はアメリカの国力を知っていますから、日本がアメリカと戦ったら絶対に負けると知っていたんです。山本も、同じでしたから、この二人は話が合いました。

これは私が松田から直接聞いた話ですが、松田の発案で、三人は天皇陛下に、日米開戦はしてならないと直訴に行くことになった。

そこで松田は、日米を天皇陛下に判りやすく説明するため、相撲に譬《たと》えて、山本に話すよう仕向けたそうです。

なにしろ昭和天皇はご幼少の頃から相撲がお好きで、相撲のことなら何でもお判りになるだろう。そこで、

「横綱（アメリカをたとえて）を倒すには、たった一つの方法があります。それは横綱が小便をしているとき、うしろから、子供でも突けばコエツボに倒れます。

もし日米開戦をするならば、この方法に出て勝つしかありません。但し、コエツボから這い上がってきたら、横綱に平身低頭して謝らなければなりません」と。

天皇陛下には、こちらが言っている言葉が宮中コトバでないためか、お分かりにならなかった。そこで内大臣の木戸幸一が立ち合いして伝えるわけですが、実は木戸は東条に通じていて、いわば東条のスパイだったわけです。

したがってこの話が東条の耳に入り、海軍省のトップ三人は天皇陛下への直訴後、東条に呼ばれ、

「日米開戦に勝つ方法を天皇に直訴されたそうだが、天皇陛下にはお判りにならなくても、私には分かった。すなわち奇襲作戦（ハワイ真珠湾攻撃のこと）でやれということだな」

説明役は山本だった。山本は早口で言った。

その時、三人は東条に、条件を出したそうです。それは、

「奇襲直後、すぐにアメリカに謝りを入れてくれ。それだけに対する謝りですむ。それまで中国・満州、東南アジアの権益は保証されたも同じです。外交交渉で必ず謝りを入れてくれ」と。

東条は、それを承諾した。

真珠湾奇襲後、米内、松田、山本の三人は東条にアメリカへの和解を迫ったが、東条は、「もう少し、もう少し待ってくれ」だった。

三人が東条から一筆をとっていたら、これをタテに、和解に持ち込めたかも知れません。「言葉は約束」といいますが、東条にはそれがなかった。この指導者をもった日本国民は、やるせないですね。

参考資料──**良識の名コンビ**

──選挙広報などの経歴を見ますと、必ず「海軍政務次官」というのが入っておりますね。この肩書が選挙に有利だとは思えませんが、なにか特別の印象でもあったのですか。

松田氏　あのときは米内海相（光政、三十七代首相）、山本次官（五十六、聯合艦隊司令長官）のときで、無敵海軍といわれた時代だった。軍令部総長が伏見宮でね、就任式は佐官以下の全士官が両側にずらりと並び敬礼のアーチの中を（挙手のまねをしながら）進むんだよ。「新任政務次官松田竹千代であります。どうぞよろしく」と報告すると、宮さんも小さい声で「どうぞよろしく」（笑）――海軍は一種の外交官だったから、宮さんといえどもさばけていたねえ。

――山本さんはどんな人物だったですか。

松田氏　当時の海軍は良識の府で、いわゆる日独伊三国同盟に反対しておった。その中心人物が山本で、彼の在職中はとうとうそれを守り通した。なにしろ陸軍をはじめ国民世論も三国同盟を結ぶべし、とやかましいころだったからね、海軍省の赤レンガに「山本のバカヤロー」と右翼の連中が落書きをする、守衛が消すと翌朝また書いてあるといった具合だった。

とくに陸軍省の軍務課長で、なんといったかなあ……そう、有末という少佐が何回も山本を説得するため面会を申し込んでくるんだ。あまりしつっこいんで「昼飯を食っとるから会えん」と追い返す。また来る。「昼飯のあとは昼寝をせにゃならんから会えん」。そのことわり方が実に剛腹だったなあ。酒を飲まんかわりに、実によく食う男で二人前ぐらい食うのを常にしておった。

――聯合艦隊司令長官としての山本さんの戦死をどう感じられましたか。

松田氏　彼はなかなか緻密な計算ができる男でしたよ。日本はあらゆるものが足らん。日米の海軍力は二対五、生産力一対五と名刺の裏に書いてボクに見せたこともあった。日米が開戦すれば絶対に負けることを知っていたんだねえ。しかし「一年は持ちこたえさせる」とはっきり言っていた。そして、ちゃんとその通り頑張ったね。彼が南方で戦死したのは、壮烈な覚悟の討ち死にだったとボクは思いたい。とにかく迫力のある軍人らしい軍人だった。

——米内さんの思い出は。

松田氏　おっとりした風格のある人だった。山本次官とのコンビは、ボかぁ海軍最高のコンビだったと思うね。二人はツーカーというか、話をせんでも意思が通い合うところがあったなあ。やがて阿部内閣が倒れ、米内におハチが回ってきたわけだが、そのころの軍部には陸軍はむろんのこと海軍でも軍人だけで組閣をしようという空気がきわめて強かった。軍部に対する迎合で、政党政治の息の根が止められつつあった時代だったから、組閣に当たって政党の要求すら強く主張できない雰囲気だった。大麻唯男（国務相）なんていう名うての寝わざ師などもいたが、手も足も出ん。

——そこで松田さんの〝反骨〟がむっくり頭をあげた。（笑い）

松田氏　ボかぁ米内のところへ飛んでいったよ。政党人を入れないんですか、と探りを入れると、「入れなければ具合が悪いんですか」と言うからね。そりゃ当然でしょう。

第一、予算をとるためには国会の議を経なければならんが、軍人ばかりでどうして予算をとるつもりですか。一人や二人は入閣させるべきです、とやったんだ。

米内はじっと考えていてね。「入れるとしたらだれがいいですか」と聞くから、まず商工相、軍人に商売ができますか——こんな調子で勝正憲（逓信相）と、米内の親類筋の松野鶴平（鉄相）を推薦したら、うまい具合に入閣した。米内は当時の軍人にしては珍しく他人の意見に耳をかす謙虚さがあったね。

意気揚々と引き揚げてきたら、ノントウさん（大麻氏のこと）が言ったなあ。「いやあ満点、満点。さすがはテキサス無宿だ」（笑）

いろいろ思い出は多かったがね、ボクが海軍政務次官になったころから太平洋戦争の終わるまで、政治的には暗黒時代が続いた。その当時、ボクが一番感銘を受けたのは、斎藤隆夫さんの粛軍演説だったね。

あれは昭和十五年だったかなあ。斎藤さんは日支事変の処理方針をめぐって「近衛声明が中国の主権を尊重するという以上、中国内政への干渉はできない」と順々に説き起こし、「政府は事件処理のはっきりした見通しを示せ」と迫った。一語一語かみしめるように、気迫をこめた演説に満場声なく、涙を流しながら聞く議員もいた。ボクも永井柳太郎とか尾崎行雄とか、名演説はずいぶん聞いたが、あの時ほど胸を打たれたことはない。

――斎藤さんは、その演説の中の「聖戦の美名にかくれ……」うんぬんというくだりが反戦思想だとして議員を除名になりましたね。
松田氏　ボクは最後まで除名に反対したんだが、党の町田総裁以下、幹部や政友会の連中までが説得に来て、遂に大勢に順応してしまった。ボクの一生を通じ、こんな痛恨事はないよ。この日いらい、ボクはどんな小さなことでも信念を曲げたり、妥協をしたことがない。そういう意味で政務次官をやった前後の印象が非常に強いんだ。

松田は、この時の斎藤隆夫の「除名」問題で党幹部に妥協し、最後には大勢に順応した除名賛成の一票を投じたことを、後年にいたるまで〝男子一生の不覚〟とした。それは戦後の政治活動の重要な節々――たとえば「八人の侍」の誕生の時などに同志の面前で公然と語られている。
また、松田は戦前の政党系譜からいえば民政党系であったが、戦後、追放解除になり政界に復帰した時は、自由党に入っている。それは、同じ民政党系の三木武吉が鳩山の率いる自由党の中核的智将となっていたからで、そのえにしは、普選初当選の際、三木武吉が浜口雄幸の直筆の手紙を持参して「浜口を助けてほしい」と要請された時にはじまる。（発行者松田澄江・妙子「松田竹千代の生涯」より）

私と松田竹千代との関係

松田竹千代は私の伯父といっていますが、ほんとうの伯父ではない。血縁のない伯父です。遠縁の親戚になります。

岡山の私の母方の遠戚になる大森家が子供がいなくて絶家したので、大阪の松田竹千代を養子に、澄江を養女にして松田竹千代が跡をついだ。すなわち大森竹千代、澄江となります。ところが実子（長男）が生まれると、岡山の大森家は実子に跡つぎさせて、松田（大森）夫妻は大阪の松田家に帰りました。その実子、大森兵蔵と私は同年の生まれで、私も海軍に行き、また大森家を継いだ大森兵蔵も慶応義塾大学生のとき学徒動員で、海軍予備学生第一期生として海軍少尉になりました。そして南方の戦場に行く途中、乗っていた輸送船が敵に爆沈され、名誉の戦死をします。

したがって実父である松田竹千代は、実子（長男）に大森家を継がせたために、軍人遺族でない悲しみを持つわけです。

実子（長男）と私が同年であったことから、松田竹千代は実子の面影を私に求めて、伯父・甥の感情をいつも持っていたのではないかと思います。松田は私を自分の甥っ子として他人に紹介しました。私も松田竹千代先生、伯父さんと呼び、松田も私を「オイ！　小山」で。

第二章――戦艦「武蔵」の若き海軍少尉

巨艦巨砲主義は誤り　「武蔵」は決して世界一ではなかった

私は神戸高等商船学校（後の神戸商船大学）を卒業（首席）しますと、昭和十八年七月一日付で山下汽船に入社しました。卒業生は成績順で日本郵船、次が大阪商船、三井船舶、川崎汽船と順位が決められていました。

しかし、私は日本郵船に入社せず自己希望で、三十歳前後で船長になれる山下汽船を選び、入社します。

間もなく二ヵ月後の九月二十五日、私は海軍少尉に任官し、戦艦「武蔵」に乗り組むことになりました。その時の写真が一枚、手許にあります（口絵写真参照）。

戦艦「武蔵」は「大和」と同型の、日本が誇る世界最大級の戦艦で、私が乗り組んだときは、「大和」にかわって聯合艦隊の旗艦になっていました。一番艦「大和」と入れ替わったわけです（「大和」は二番艦となる）。

理由は、昭和十八年四月十八日、山本五十六聯合艦隊司令長官がソロモン島でアメリカの戦闘機に待ち伏せされ、撃ち落とされた。縁起が悪いというところでしょう。

旗艦（一番艦）になった「武蔵」には、前横須賀鎮守府司令長官の古賀峯一聯合艦隊司令長官、第一艦隊司令長官が乗っていましたので、旗艦「武蔵」には聯合艦隊、第一艦隊の約三十人近い参謀がおりました。また陸軍参謀もおりました。

この「武蔵」には四機の観測機が積み込まれていました。ある日、私が観測機を起重機で収納しているところを見ていたそばで艦長から、「小山少尉」と肩を叩かれました。私の隣りには田結《たゆい》保少尉がいました。田結少尉は海兵七十一期のトップでした。

私は戦後一九九五年（平成七年）八月十三日付（日曜日）の日本経済新聞の文化面で、評論家相良竜介さんの「海軍中尉田結保の面影」を読んで、子供の頃の田結さんをはじめて知りました。

その記事によると、田結保さんは府立一中を出て海軍兵学校に入り、首席で卒業しています。学業だけでなく、海兵では柔道二段、水泳も一流の泳ぎ手だったとあります。

私は「武蔵」に乗り組んだときから、田結少尉の父親は舞鶴鎮守府司令長官田結中将と覚えていました。海軍一家ですね。

その田結保少尉と私に、艦長はこう言ったのです。

「小山少尉と田結少尉、なぜこの艦載機は甲板の後ろの左舷から収納するのか、宿題を与えるから、明日の昼までに、艦長室に持って来なさい」と。

翌日の昼、私は便箋一枚に書いた宿題の答えを、田結少尉は百頁に加えて数冊の参考資料を携え、艦長室に入った。

そこには指導官の海軍少佐、副艦長（副長、海軍大佐）の二名が艦長（海軍少将）と共に待ちかまえていました。

指導官とはガンルームの教育、行儀見習いの、早くいえば先生です。その時の指導官は海軍少佐であり、また前の指導官は高松宮殿下だったと記憶しています。

私たちが提出した宿題の答えを一見して、指導官と副艦長は、

「海軍兵学校と高等商船学校とは、やはり違うな」

とささやかれた（一枚と百枚と見較べてでしょう）。私は内心おだやかでないものを覚えました。

私の方が低い評価であることは否めません。私の解答はあまりにも明解簡潔であり、田結少尉の方は、膨大な解答文であることで優劣の差をつけられたのです。

私は「この艦載機のプロペラは左回転であるため、いつも通り左舷から収納せり。もし右回転ならば右舷から収納となる」と書いたのです。

あとで田結少尉から聞いたのですが、飛行機の構造、飛行機の能力、天候、波風、プロペ

ラの回転数等々、流体力学の説明も加えて百頁におよぶ解答文であったということです。中味も見ないで、指導官と副艦長は一頁と百頁を一見して優劣を決めたのですが、その態度に、私は不愉快なものを感じました。そこで私は艦長に向かって、

「ひとこと申し上げたいことがあります。本艦に搭載している観測機は、無用の長物であります。戦闘態勢になれば、ただちに敵の航空機に叩き落とされます」

すると指導官は、「なにっ！」といって、顔を真っ赤にして怒りました。まさに私としては若気の至りでした。

私は本日の宿題の解答でないことを言っただけではなく、艦載機の無用、すなわち戦闘中の「武蔵」の誇る四十六センチの巨砲の盲撃をも指摘したのです。

つまり、海軍将校として言うまじき言葉、許すべからざる言葉を吐いたということになります。

艦長以下三名の上官の大逆鱗に触れたわけです。世が世なら直ちに切腹ものです。または死刑に処せられてもよかったほどです。

しかし、艦長はこれに一言も叱責の言葉はなかった。ひとこと、

「小山少尉、田結少尉、退室してよろしい」

と言われ、私と田結少尉は艦長室を退出しました。

「艦載機は無用の長物」と言ったら転勤を命じられた

翌朝、東京の海軍省人事局長より飛電一閃、玉砕後のタラワ、マキン島の艦船勤務の辞令が届きました。

ギルバート諸島のタラワ、マキン島はハワイに近く最前線で、日米開戦以来、初めて日本軍が玉砕した島でした。それに所属する艦船に乗れということです。それはどういうことかと言いますと、「死ね」ということでしょう。「艦載機無用の一言」の罰でしょう。

私は死刑に代わってタラワ、マキン島への転勤を命じられたわけですが、その時は死ぬだろうという覚悟は確かに致しました。

私も若かった。戦艦「大和」「武蔵」に勝る軍艦はないと言われていた時代に、その戦艦に乗せている観測用の艦載機が無用の長物である、と言われては、日本帝国海軍として何をか言わんや。

「大和」「武蔵」の巨砲は百発百中で、そのことを誇りにしていました（ホントウに百発百中でした。但し演習の時だけ）。四十六センチの巨砲は、東京・大船間（六十キロ）まで飛ぶという長距離砲です。いや私の記憶では、東京と三島ぐらいは飛んでいました。

しかし地球が丸いため、弾丸がどこへ到着したかどうかは、「大和」「武蔵」の艦上からは確認できません。どうして確認したかと言いますと、敵と味方の中間点に二機の観測機を飛ばして、飛行機から着弾位置を観測するわけです。

巨砲は一発目が着弾する頃には、次の二発目は艦と敵陣地の中間を飛んでいる。三発目は、発射している。そして次々と発射されるわけですが、観測機は敵と「武蔵」の中間地点にあって、無線電話で、

「もうちょっと右！」とか、

「もうちょっと左」とか、指示するわけです。

その指示を聞いて方位を修正し、発射する、という連絡をする役目が観測機の任務です。練習のときは百発百中です。ところが戦闘になると、敵航空機で、観測機が先に叩き落とされてしまいます。そうなると、弾が敵艦または敵陣地に当たったかどうかは確認されませんから、盲撃ですよ。

私はそのことで、「敵機はまっ先に観測機を叩き落とすから、これは無用の長物です」と言ったわけです。

アメリカの戦法は、陸地だろうが海上だろうが、航空機で先に相手を叩き潰し、それから次の手を打つわけですから（いくら演習で百発百中、目標地点に着弾できても）、いざ戦闘になると、観測機は敵機の餌食になるだけです。

私は正直に、そう述べたのですが、日本帝国海軍としては許しがたき発言だったのです。

田結少尉は名誉の戦死、「武蔵」と運命を共にした

いたでしょう)。

当時この観測機に乗っているパイロットはキザに見えました(私には多少ヒガミも入って

私と田結少尉が艦長室に呼ばれたときのことですが、私の解答文(一頁)と、百頁の田結少尉の解答文をテーブルの上に置いて(解答文の中身を見ないで)、誰からともなく、

「田結少尉は、さすが海兵を卒業しただけのことはあるな。それに比べて、小山は高等商船学校出か……」

と私を馬鹿にしたことを、指導官や副艦長がささやかれた(明らかに差別視している)。

こっちは侮辱を感じて、腹が立ちました。そこで私はまたも、

「あの飛行機は無用の長物と思います」

と言ってしまった。誰もそういうことを言う人はいなかったのですが、気付いている人は気付いていたはずです。ただ言わないだけです。そこで、私が言ったものですから、指導官や副艦長が顔色を変えて、

「なにッ!」と、怒りました。

昔だったら鯉口を抜いて、サッと斬りつけられていたでしょう。

二人は退室を命じられますが、それが二人の別れでもありました。優秀な田結少尉は間もなくして中尉、大尉へと昇進、私は「武蔵」から降ろされ、タラワ、マキン所属の砲艦がクエゼリン基地にいて、その艦に乗ったのです。

ところがクエゼリンで、私が乗った砲艦は一週間後、アメリカ機の空襲をうけてやられ、私だけが生き残り、日本へ帰されたのです。もちろん、後には私も中尉、大尉と昇進しました。

田結少尉はそのまま「武蔵」に残りますが、昭和十九年十月、フィリピン沖のレイテ戦で「武蔵」がアメリカ軍に撃沈されたとき、運命を共にし、名誉の戦死です。

もし、私が「無用の長物」と言わずにいたら、私もそのまま「武蔵」に乗り組んだままになったかもしれません。そして、田結少尉同様、フィリピン沖で戦死したでしょう。

無礼な進言をしたばかりに、「武蔵」から追い出され、小さな砲艦に乗り組むことになった私と、エリートコースを歩いた田結少尉の運命は、そこで分かれたことになります。

さて話が急に変わりますが、海上自衛隊はいまなお巨艦主義の傾向がまだ少し残っているが、巨艦巨砲至上主義は間違いです。いらぬ心配にならなければよいが……。

第二部――戦後秘史

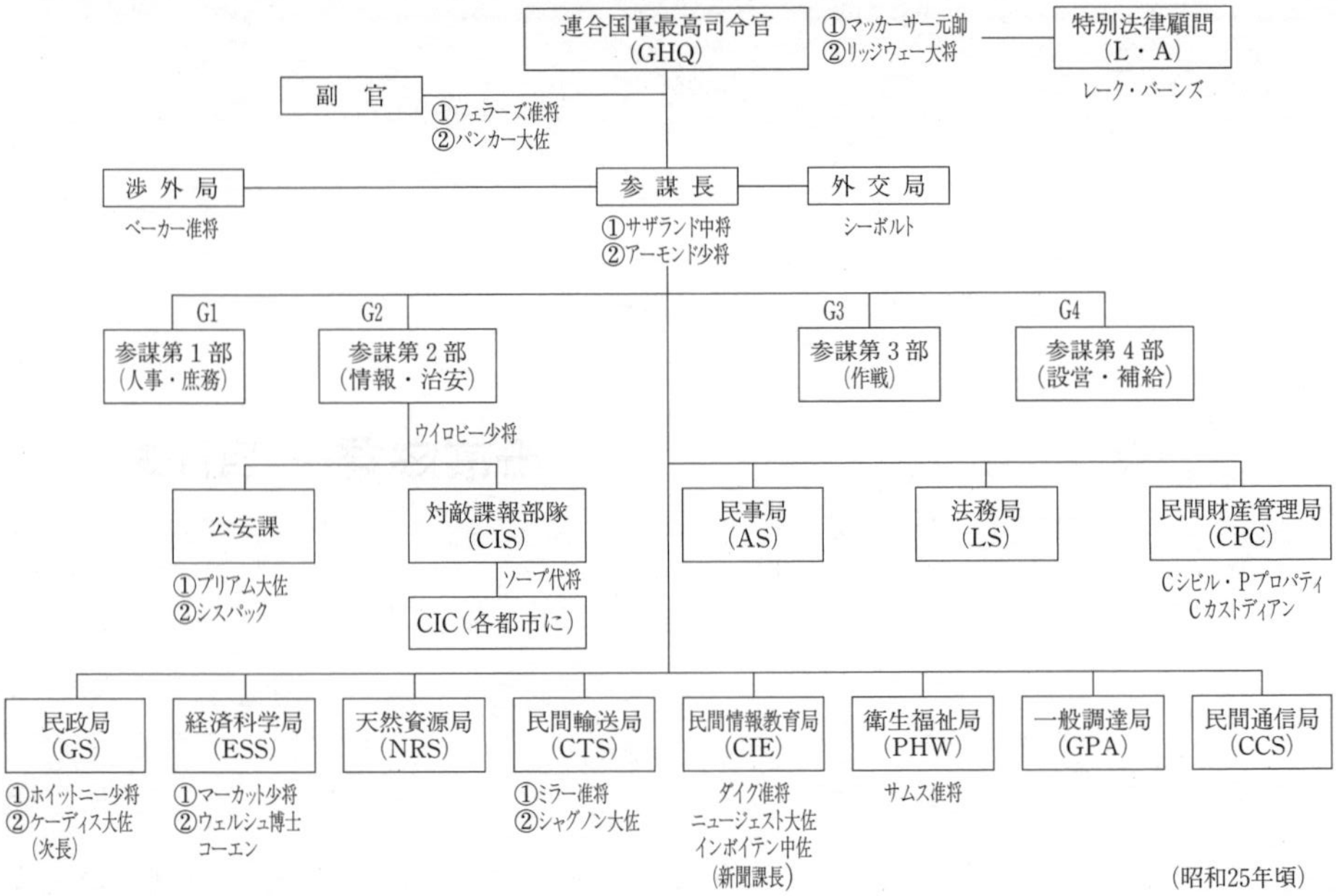

連合国軍最高司令官（GHQ）
①マッカーサー元帥
②リッジウェー大将
特別法律顧問（L・A）
レーク・バーンズ
副　官
①フェラーズ准将
②バンカー大佐
渉外局
ベーカー准将
参謀長
①サザランド中将
②アーモンド少将
外交局
シーボルト
G1
参謀第1部（人事・庶務）
G2
参謀第2部（情報・治安）
ウイロビー少将
G3
参謀第3部（作戦）
G4
参謀第4部（設営・補給）
公安課
①プリアム大佐
②シスパック
対敵諜報部隊（CIS）
ソープ代将
CIC（各都市に）
民事局（AS）
法務局（LS）
民間財産管理局（CPC）
Cシビル・Pプロパティ
Cカストディアン
民政局（GS）
①ホイットニー少将
②ケーディス大佐
（次長）
経済科学局（ESS）
①マーカット少将
②ウェルシュ博士
コーエン
天然資源局（NRS）
民間輸送局（CTS）
①ミラー准将
②シャグノン大佐
民間情報教育局（CIE）
ダイク准将
ニュージェスト大佐
インボイテン中佐
（新聞課長）
衛生福祉局（PHW）
サムス准将
一般調達局（GPA）
民間通信局（CCS）

（昭和25年頃）

第一章——朝鮮への日本船舶引き渡しを阻止

日本はマッカーサー長官のもとGHQの軍政下にあった

占領下のGHQが、どんな組織で、どれほどの権力を持っていたか、また当時の私とGHQとの関係をお話しします。

GHQとは、ゼネラル・ヘッド・クォータット・オブ・アライド・パワーズの略称で、四十一ヵ国の連合軍の総司令部です。

当時の日本は軍政下にありました。そのトップがダグラス・マッカーサーで総司令長官（元帥）でした。その下に十以上の局がありました。

主なところでは当時の大蔵省や通産省を支配下においた経済科学局ESS（局長マーカット少将）、運輸省を支配する民間輸送局CTS（シビル・トランスポート・セクション）、法律問題を担当する法務局LS（リーガル・セクション）、農業・水産・鉱業を支配する資源局NRS（ナチュラル・リロース・セクション）などがあります（別図参照）。

さらに大きな組織として、CPC（Civil Property Custodian シビル・プロパティ・カストディアン）、つまり民間財産管理局がありました。局長は名前を忘れましたが中将でしたから、大きな力を持っていました。

このCPCがいかに大きな組織であったかは、マッカーサー元帥に次ぐ中将が局長だっただけでも想像できます。

私は運輸省の役人でしたが、同時に終戦処理中央事務局員で、CPCの連絡官でした。当時、日本の総理をした宮沢喜一さんでもこの頃は、ESSにペコペコ頭を下げて、一生懸命に仕事をされておられた。残念ながら、軍政下ですから、日本の大臣はGHQには頭が上がりません。GHQが決めたことは敗戦国日本への絶対命令なんですから。GHQに死ねといわれれば「天皇陛下でも」の時代でしたからね。なにしろ無条件降伏ですから辛いことですね。

私がいたCPCは、現在の日本橋にある国分ビルでした。このCPCが有名になったのは、日本銀行の地下金庫の中にあるダイヤモンドの山を接収したことです。

戦時中、日本政府は個人や団体から接収したダイヤモンドを、日銀の金庫の中にしまっていました。これをCPCが全部、接収しました。戦利品ですから、勝利国が勝手に処分してよかったのでしょう。

私は一度だけ、中に入って見たことがあります。そりゃ、高さ一メートルもあるダイヤモンドの山でした。いっぱい積み重ねられているんです。

こんなものが、どうやって、いつ頃から集められたものか、私は知りません。それらのダイヤモンドはどのように没収されたものかどうか、その後のことも知りません。

極秘にGHQに命じられた大きな国際問題の調査解決

戦後、私が係わった大きな国際問題が二つありました。私は極秘に、GHQに命じられて調査にあたって解決しました。

そのひとつが、終戦間際に朝鮮半島に爆撃避難していた日本籍の船舶の奪還です。

日本は朝鮮と戦って敗れたわけではないのですが、アメリカ、ソ連、イギリスは昭和二十年八月十日、ドイツのポツダムで、日本に対するポツダム宣言をします。

日本はまだこのポツダム宣言を呑んでいません。日本がポツダム宣言に応じるのは、昭和二十年八月十五日です。しかし、まだ日本は戦争には負けていません。正しくはミズーリ号の艦上で降伏文に調印した九月二日が、終戦日です。

ところが、アメリカ軍のホッジ中将（陸軍）は、

「昭和二十年八月十日午前零時現在、韓国における領土・領海・領空における一切の財産（金・銀・宝石・建物・鉄道・船舶・航空機なども含む）はホッジ司令官がこれを占領所有す

る」と声明を出したのです。

この声明文をコリアン・ベスティング・デクリー（Korean Vesting Declee）と言って、絶対命令なんですね。最後の所に英語でownとありました。しかし前述の如く、日本がポツダム宣言を呑んだのは、八月十五日であって八月十日ではなかったのです。

私はその担当官だったから、よく覚えています。日本政府は不満だったから、ハーグ協定違反というので、オランダのハーグまで行って、国際裁判に訴えたんです。

「占領はできても所有することはできない」と国際法違反を強調しました。

しかし、結果は昭和二十六年九月八日のサンフランシスコにおける「日本国との平和条約」、通称サンフランシスコ講和で、すべて朝鮮に引き渡してチャラになったんです。敗者は弱いものですな。

ちなみに、この「サンフランシスコ講和条約」は昭和二十六年九月八日にサンフランシスコで署名され、同年十一月十八日、日本の国会で承認され、同日、内閣で批准されます。そして翌年二十七年四月二十八日午後十時三十分に発効されるわけです。

日本の船舶を取り戻す前に、サンフランシスコ講和条約のプロセスと概要を知っておく必要があります。

サンフランシスコ講和条約締結の日まで日本はまだ戦争状態だった

サンフランシスコ会議は昭和二十六年（一九五一年）九月四日から八日まで、四日間にわたって開催され、最終日の八日、日本国とソ連、支那（現中国）、インド等を除く旧連合国四十八ヵ国との間に調印された講和条約です。国連の対日平和条約で、正式には「日本国との平和条約」です。

この条約は、ソ連や支那、インド諸国の反対を無視する形で、アメリカとイギリスだけで草案を作成したもので、日本国側が草案したものではありません。

条約は、第一章「平和」、第二章「領域」、第三章「安全」、第四章「政治及び経済条項」、第五章「請求権及び財産」、第六章「紛争の解決」、第七章「最終条項」となっています。

この条約の特長は、日本の個別的、集団的自衛権を承認し、日本の独立を認めるものの、外国軍隊の駐留継続を許容しています。

アメリカの極東戦略が色濃く反映された条約で、沖縄や小笠原群島をアメリカ合衆国の信託統治にするなど、日本はかつての植民地を失い、まる裸同然になります。

日本は各国と批准書を取り交わし、昭和二十六年十一月十九日に、講和条約の批准書を認証します。

まず、条約の前文を引用します。

「連合国及び日本国は、両者の関係が、今後、共通の福祉を増進し且つ国際の平和及び安全を維持するために主権を有する対等のものとして友好的な連携の下に協力する国家の間の関係でなければならないことを決意し、よって両者の間の戦争状態の存在の結果として今なお未決である問題を解決する平和条約を締結することを希望するので、

日本国としては、国際連合への加盟を申請し且つあらゆる場合に国際連合憲章の原則を遵守し、世界人権宣言の目的を実現するために努力し、国際連合憲章第五十五条及び第五十六条に定められ且つ既に降伏後の日本国の法制によって作られはじめた安定及び福祉の条件を日本国内に創造するために努力し、並びに公私の貿易及び通商において国際的に承認された公正な慣行に従う意思を宣言するので、

連合国は前項に掲げた日本国の意思を歓迎するので、

よって、連合国及び日本国は、この平和条約を締結することに決定し、これに応じて下名の全権委員を任命した。これらの全権委員は、その全権委任状を示し、それが良好妥当であると認められた後、次の規定を協定した」

そして第一章の「平和」の項目には、第一条(a)日本国と各連合国との間の戦争状態は、第二十三条の定めるところによりこの条約が日本国と当該連合国との間に効力を生ずる日に終了する。

(b)連合国は、日本国及びその領水に対する日本国民の完全な主権を承認する。

つまり、この条約締結までは戦争状態下にあったが、ここで終了し、日本国の主権を承認するというものです。

問題は次の第二章「領域」の規定です。ここで、日本は植民地などかつての日本領土権を放棄することを承認させられるわけです。

第二条(a)には「日本国は、朝鮮の独立を承認して、済州島、巨文島及び欝陵島を含む朝鮮に対するすべての権利、権原及び請求権を放棄する」とあります。

(b)項には「日本国は、台湾及び澎湖諸島に対するすべての権利、権原及び請求権を放棄する」

(c)項には「日本国は、千島列島並びに日本国が千九百五年九月五日のポーツマス条約の結果として主権を獲得した樺太の一部及びこれに近接する諸島に対するすべての権利、権原及び請求権を放棄する」

第二条の項目は(f)項までありますが、この(a)から(c)項までのうち、問題にしなければならない点は、

「日本が朝鮮の独立、済州島、巨文島、欝陵島を放棄することを認めたのは、この条約が成立した時点であって、その間はまだ『戦争状態』にあった」ことです。なお、ここには竹島は入っていません。

(c)項の、千島列島、樺太の一部の請求権を放棄しますが、明治八年に日露間で締結された歯舞、色丹、国後、択捉の四島はここには入っておりません。北海道同様、日本国の領土として認められております。

トルーマン大統領サイン入りの「日本船舶引き渡し調査命令」

さて、朝鮮はヤルタ会談で、三十八度線を以て北をソ連が、南をアメリカが占領するという南北分割に出ます。南朝鮮の大統領には宣教師で、日本統治下で反日運動の巨頭、そして抵抗運動のリーダーでした李承晩が、アメリカ合衆国の後押しで就任し、アメリカをバックに強権を発動します。

彼はクリスチャンで、夫人はスイス人ですが、実子はなく、晩年は側近の秘書たちが、院政を敷いておりました。

しかし、まだ日本は「戦争状態」の昭和二十一年に李承晩は大統領に就任するや、コリアン・ベスティング・デクリーを根拠に、「八月十日午前零時時点で韓国（全土）にいた日本の航空機、船舶、家、財産、鉄道、総督府の建物など、ありとあらゆるものは朝鮮のもの」と言って、没収するわけです。

ところが、航空機や船舶はたえず移動するものですから、はたして韓国のどの港に、どんな船が錨を下ろしていたか、証拠が摑めないわけです。

八月十五日の終戦を機に、満州や朝鮮から引き揚げるさい、碇泊していた日本船で引き揚げますから、姿がない。

そこで李承晩がやったことは、アメリカ流の懸賞金です。「証拠を見つけた者には一千万円（当時）を出す」と発表したものですから、色々な朝鮮人（韓国人）が、証拠捜しに走り出します。

当時、すでに李承晩は日本と韓国との海上に李承晩ラインを引いておりまして、自国の領海に入った日本船はことごとく拿捕《だほ》していました。海軍の軍艦は接近するなり発砲して、操業中の漁船を拿捕しては釜山港へ曳航しています。

李承晩は戦時中に地下運動をやり、日本の官憲に捕らえられては「指責め」で拷問されるなど、ひどい目に会っています。

この指責め拷問のため、彼の両手の指は潰れてしまったそうで、いつも白い手袋をはめていましたね。ですから、彼はその潰れた指を見るたびに、日本人が憎くて仕方がない。

敗戦の気配が強くなり、米軍が朝鮮半島に上陸するや、自ら名のり出て、南朝鮮の指導者になります。

その李承晩の「一千万円懸賞金」発表に「われこそは」と報告するが、証拠がない。確かに北朝鮮の清津や羅津、さらには端川、海軍基地の元山の港や南の釜山、麗水、木浦といった港に、また南朝鮮にある大小の島々に、軍艦や大型の貨物船が避難（爆撃を免れるため）していました。

多くの朝鮮人は、それら日本船を見ているけれど証拠になるものがなくて難儀をします。ところが、とんでもないところから、日本船の証拠が見つかったんです。それは釜山港にある給水会社です。この会社の「給水リスト」を見つけたんですな。

どういうことかと言いますと、船はみんな野菜や真水を、港で買うんです。なかでも釜山の水は世界一きれいな水で、釜山港に入った船はそれまで残っている水を全部海に捨てて、釜山の水を買って船のタンクに給水するんです。

釜山には水を売る給水会社があって、各船に水を売っていました。従業員は、いつ、どこの船に、いくら水を売った、という給水日誌をつけていたんですな。

その給水会社の日誌に、八月十日から一週間ぐらいの間の船名リストがあったんです。どの船に何トン水を売ったと。

その給水会社は、急いで、「給水日誌」を李承晩大統領に提供した。日本人が憎い李承晩は、

「よし、よくやった！　これで日本の船を全部とってやる」

と、鬼の首でもとったみたいに大喜びした。

李承晩は、ただちに給水日誌を証拠としてトルーマン大統領に送った。トルーマンは日本にいるマッカーサーに送り、マッカーサーはＣＰＣへ、この給水日誌を証拠リストとして送ってきた。

ＣＰＣの担当者は、私に命令を下すＧＨＱの顧問弁護士レーク・バーンズです。

「日本船を捜し出せ」というわけです。

ＧＨＱは李承晩が使いやすいから、給水日誌に出てくる日本の船名を割り出して、韓国へ引き渡そうという腹です。

私は困りました。敗戦国日本の辛い立場の一つです。私は泣けるほど辛かった。これで戦後日本に残った船は全部とられる。

私は、トルーマン大統領がサインした書類を、本物かどうか疑いました。デッチあげもありますからね。

その書類にはリボンが付いていて、三センチぐらいの大きさの蠟がトルーマン大統領のサインの上に貼られていた。これは本物でした。私は初めて、アメリカ大統領のサイン入り書類を見ました。

もちろん、トルーマンのサイン入り書類は見せるだけで、私に渡されたのは日本語で書いた船名リストのみです。正式にはＧＨＱを通じて政府、運輸省へ、そして担当官の私のところに下りてきました。私に調べろ、というわけです。

そのリストには、日本船が漁船も含めて百五十隻ほどありました。私は給水日誌のコピーと日本船名を照合して、シラミ潰しに一隻ごと調べて行きました。今でも覚えていますが、五百トン以上の船では、川崎汽船の聖川丸（約一万トン）もありました。この聖川丸が、終戦後に日本に残った一番大きな商船でした。ただしカタカナでキヨカワマルと書いていた。商船のほかに、軍艦もありましたが、私が調査したところ、百五十隻のうち七割は違っていました。

さきほどのキヨカワマルのことですが、なぜよく覚えているかと言いますと、のちに日本船を返さなくてよくなった時に、運輸省の壺井玄剛という総務長が私に、

「小山君、川崎汽船の社長に、お前にお礼に来させようと思っとる。川崎汽船から聖川丸を持って行かれたら、もう何もない。空っぽの会社になるから。それをお前の力で止めたんだから、川崎汽船の社長に、お前に〝ありがとう〟というお礼だけ、来させよう」

と言ったのを覚えているからです。私はそのとき、

「そんなお礼はいりません。日本の海運・船会社に残っていた船に、みなお礼を言ってもらわないといかんから。それに、マッカーサー、トルーマンまで行くことになります」

と返事しました。川崎汽船は、この聖川丸で、戦後立ち直ったのは事実です。私が戦前入社していた山下汽船なんかは、全部沈められて、一隻もなかったですからね。

百五十隻の船名リスト調査結果をバーンズに報告

この百五十隻の船名リストを調べたところ七割が違っていた、残り三割は正しかったと思います。一番ひどいのは、すでに三年も四年も前に沈んでいる船名も書いてありました。戦争中ですからね、それは可哀そうでしたね、やっぱり書いているのは朝鮮人ですからね、しっかり付けてなかった。

そこで私は、正直に、公文書としてレーク・バーンズに報告いたしました。私個人の名ではなく、運輸大臣名で報告したわけです。向こうも、トルーマン大統領の名前できているわけですから。

問題はそこから起きました。つまり正しい残り三割の日本船を韓国に返すべきかどうかです。返すとなると、これは大変なことです。

私も運輸省の偉い人たちも、返したくないのが本音ですが、残念ながらGHQの命令は絶対的です。

日本は八月十五日にポツダム宣言を呑み、連合軍に占領され、昭和二十六年九月のサンフランシスコ条約で、やっと独立国家となりますが、その間は連合軍の軍政下にあったわけです。

このサンフランシスコ条約が有効となるのは昭和二十七年四月二十八日午後十時三十分。これをもって終戦とするのが正しいのではないか、と私はそう思います。それまでは占領されていて、まだ日本は独立していない、GHQには逆らえなかったんです。

ですから、もしもGHQが、「リストの三割の日本船は韓国に返せ」と命令すると、私どもは反対意見を言うこともできません。

運輸大臣名で報告書を提出して、しばらくしてからでした。三割の日本船舶の件で話し合いたいと、バーンズ顧問弁護士から、電話で、

「ミスター小山、帝国ホテルのおれの部屋にこい」

と呼び出されたのです。

当時、GHQの高級幕僚は、家族ともども帝国ホテルに泊まっていました。万一、日本人が暴動するようなことが起きた場合、すぐに対応できるからです。また脱出もできますから、一ヵ所に住んでいました。

バーンズは背が高くて、独身でした。茶目っ気な男でして、私は彼の部屋に入ると、返還するかどうか、議論しました。私は返さない、リストが正しくても中味が正しくないと突っ張り続けたんです。彼は、

「しかし、李承晩は八月十日現在で韓国にいた漁船も軍艦も商船も、鉄道も建物も金や銀などあらゆる宝石類も、鉄工場も韓国のものだという。三割の日本船（実際は終戦後、残った商船の全部に近い）は、返さないといけないだろうね」

「しかし、中にははっきりしない船名もあり中味は正しくない。返すことには反対です」

私は突っぱねました。

すると、しばらくして彼は、茶目っ気たっぷりに私に言ったのです。

「ではこうしよう。ミスター小山、君の男性のシンボルと私の奴と比較しよう。君のものが大きかったら返還しない。これでどうだ？」

私は参ったね。だって負けるのは決まっていたから。それに私ひとりでは決められません

から、私はバーンズに、

「運輸省の首脳たちと相談してきます」

と言って、その日は別れました。

秘策を思いたつ「歌麿の枕絵」で勝負だ

私は運輸省に戻ると、その事情を、のちの海運総局長官秋山龍、のちの運輸次官、海運局長の岡田修一（後日ジャパンライン㈱社長）、大臣官房総務長の壺井玄剛、海運総局調整部長の国安誠一に報告したんです。すると彼らは、

「小山、お前、大丈夫か」

と心配する。私はすぐに、

「いや。大丈夫じゃないです。持ち物が違いますから勝てっこないです。ただし、私には秘策があります」

と言ったが、その時はその秘策のタネはあかしませんでした。

私はその日、赤坂のある料亭の女将のことを思い出し、大急ぎで出かけました。その女将が、いつか私に歌麿が描いた枕絵を見せてくれたことがあったんです。それはもう、足よりも大きい奴が描かれていました。

私は当時、黒塗りの専用車を与えられていましたが、赤坂の料亭に行って事情を話し、借

りることにしました。そいつを八つ折りにしてワイシャツのポケットにしまい、帝国ホテルに向かったのです。

「よし、これで勝負しよう」

それで歓呼の声に送られて運輸省を午後六時頃に出発したのです。もちろん、枕絵のことは運輸省の連中には話していません。ただ「秘策がある」と言っただけです。するとみんな私に、

「小山、頑張ってこい」

と、心配そうな顔で言う。

帝国ホテルにつくと、勝負にきたかとバーンズは待っている。すぐに、向こうはいきなり、今でいうところのチャックだな、ビッと引いて取り出した。

私の方はボタン式。私は気が小さいから、もう手が震えちゃって、ズボンのボタンがなかなか開けられないんですよ。しかも息子は草むらの中にずーっと入っちゃって、出てこない。向こうは腕ぐらいのものがデーンと出てくる。そして、

「ミスター小山、どうだ」

と言う。私の方が負けです。それは決まっていることでした。そこで私はすぐに、

「ちょっと待って下さい」

と言って引き出すが、出てこない。するとバーンズは、

「ミスター小山、俺の勝ちだな。勝ちを認めるな」

と言う。私は「認める」と言って、息子を元に戻し、ズボンのボタンをしめた。

向こうは「勝負あり」といった顔をしている。茶目っ気な奴で、それがどうも気になっていた。そこで私は、秘策を持ち出した。

「男性のシンボルはピストルと同じで、非常時に使う物だ。平和な時には使わない。戦争の時にこのピストルを使う。その時、日本人のものは、もの凄く大きくなるんだ」

私が言うと、

「俺もそういう話を聞いたことがある」

彼は頷《うなず》いた。

そこで私は、ワイシャツの胸ポケットに八つ折りにして深くしまっておいた枕絵を取り出して広げた。

「これを見ろ。どうだ」

するとバーンズは、うっと声を出し、眼を皿のように開いて嬉しそうな顔をする。

「おう、ミスター小山も、戦争の時は、こんなに大きくなるのか」

と聴くから、

「オフコース（もちろんだ！）」

と言った。そしたら彼は腕を組み、

「うむ。俺の負けだな」

と笑ったね。

それで日本船を返さずにすんだんです。私とバーンズはその日以来もっと親しくなり、次の章で詳しく述べますように、また大きな仕事を引き受けることになります。

マッカーサー「返さなくても良い、トルーマンはゴチャゴチャ言うな」

勝負に勝った私は、さっそく運輸省に戻り報告しました。みんな、夕方帰らずに、私を待っていたんです。秋山海運総局長官、岡田海運局長、壺井総務長、そして国安調整部長が揃って私を待っていた。そこで私が、

「勝った‼」

と報告しましたら、みんなは立ち上がって、手を叩いて喜んでくれた。

「秘策」のことは、のちに秋山には話したが、他の者には話しませんでした。しかし、噂はさっと広がりましてね。後日、局長と言わず課長といわず、私をゴルフに誘うんです。なぜかと言いますと、ゴルフへ行ったらプレーのあとで風呂に入りますね。その時、私のものを見たいという魂胆です。

あとで分かったのですが、「小山という奴は馬のような物を持っているらしい、一度拝ましてもらおうじゃないか」と誇大されていたらしい。

ついには海運局だけでなく、航空局も鉄道局からも、誘われました。ゴルフしよう、ゴルフしようって。

もちろん、誘いには乗りませんでしたが、日本船引き渡し中止の件では、実はバーンズの腹は決まっていたのです。

勝負したあと彼は私に、こう言ったのです。

「ドイツ法によれば、疑わしきは罰する。しかしわがアメリカ法によれば、疑わしきは罰せず、という法の原理がある。つまり七割がノーというのであれば、全体をノーとする」

その後、何といっても、マッカーサーとトルーマンとの仲が悪くなっていたことも幸いしていたと言えます。両者の不仲は余りにも有名でした。

こうして朝鮮へ逃げ込んでいた日本の軍艦や商船、漁船は、李承晩に返さずにすみ、戦後、海運業界の再建となるわけです。

しかし今日、現在では秋山も岡田も国安も壺井も、みんな亡くなり、終戦後の日本経済を立ち直らせた海運界のことを知る者はいなくなりました。

重複しますが、トルーマンとマッカーサーの仲にも起因します。李承晩から送ってきた給水日誌を、トルーマンがサインして、「やれ！」とマッカーサーに送ってきたわけですが、その頃はすでにマッカーサーとトルーマンの仲は悪く、日本人でさえ知っておりました。

マッカーサーが受けとって、最終的には私が調査し、七割が間違いと報告したあと、マッカーサーはたとえトルーマンがごちゃごちゃ言ってきても、「もう返さなくてよい。オレのやることにごちゃごちゃ言うな」と、そういうことだったんでしょう。

四十すぎのバーンズは、そのあと私に、「九十九里浜へ行こう」と誘うんです。

「どうしてだ」と聞くと、

「あそこへ行ったら、みんな男も女もノーパンツで、男は藁でオチンチンの先をくくってるんだから、それを見に行こうじゃないか」という。

そして私に「一緒に行って網を引こうじゃないか」と言う。しようがなく私は彼の話にのったんですが、彼は藁で自分のものをくくってね、楽しんでいました。

実に茶目っ気たっぷりな男で、四十すぎなのに、あれから結婚したものかどうか。日本の海運界にとっては、大恩人でしたね。彼に勲章をやるべきだったと、今も私は思います。

第二章――朝鮮総督府ビル奪還秘話

ＧＨＱより突如「ミスター小山、参謀長室にこい」の電話命令

戦後の私の大仕事のひとつに、新橋にあった朝鮮総督府ビル問題があります。

昭和二十四年の夏頃でした。ＧＨＱの法律顧問弁護士のレーク・バーンズから電話で、

「ミスター小山、これからＧＨＱのサザランド参謀長のところへ一緒に行ってもらいたい」

と言ってきたのです。

バーンズ弁護士とは船舶問題でやり合った仲で、友達関係にありました。彼はまたこの一件は秘密事項だと、釘を刺してきました。

「一体、何事が起こったのかな」

と私は不安と緊張の入り混じった思いで、バーンズの車で日比谷のＧＨＱ本部のある第一生命ビルへ赴きました。長身のバーンズのあとからついて行くと、参謀長の部屋へ通されま

す。

初めて会う私に、参謀長サザランド中将は、こう言ったのです。

「新橋駅の裏に朝鮮総督府ビルがある。そこを北朝鮮の朝鮮人連盟（現・朝鮮総連）が現在占拠して非常に社会秩序を乱し、GHQは困っている。CPCからミスター小山は朝鮮人に対して大変強く、不当要求に頑として応じない役人だと聞いている。日本政府の役人の中で対朝鮮人問題について強い態度で臨み、かつ秘密を守れる男として、本日ここに来て貰った。ついては朝鮮総督府ビルから朝鮮人連盟を撤収させて、これを追い出してもらいたい」

私はそう言われて驚きました。私はその時、

「GHQは何でも出来る権限を持っているのに、なんで私に頼むのかな」

と不審に思ったものです。

あとで、当時のGHQは北朝鮮に手こずっていたことが分かりました。昭和二十四年夏といえば、朝鮮動乱（昭和二十五年六月二十五日）の十ヵ月前のことです。

朝鮮半島はヤルタ協定（昭和二十年二月十一日）によって、昭和二十年九月から三十八度線を境界として北朝鮮と南朝鮮に分断され、北はソ連、南はアメリカを中心とする連合国をバックに二分されてしまいました。

実に気の毒なことです。

つまりマッカーサー司令部は、北朝鮮がソ連の軍政下にあるため、北朝鮮の分身である朝

鮮人連盟が日本の総督府ビルを占拠していても、これを追い出すことができなかったわけです。

この総督府ビルは戦前までは朝鮮総督府ビルでした。朝鮮総督府の東京事務所で、総督が日本にきた時は、このビルの中にある宿泊施設で宿泊しています。

ちなみに韓国に総督府が置かれたのは明治三十八年（一九〇五年）で、初代総督は伊藤博文でした。二代目は曾禰荒助、三代目が寺内正毅陸軍大将です。

その後は長谷川好道、斎藤実、宇垣一成（臨時代理）、山梨半造、もう一度宇垣一成、南次郎、小磯国昭、そして終戦までおったのが阿部信行（陸軍大将で元首相）でした。

この旧朝鮮総督府ビルは堅牢な建物で、虎ノ門の満鉄ビルと並ぶ威容を放っていました。そのビルから、朝鮮人連盟の者たちを追い出してくれ、という極秘要請だったのです。

下山総裁の怪死で朝鮮総督府ビル後始末の極秘命令がくだる

参謀長との会見のとき、

「この問題を解決する責任者として誰がいいか」

と私に参考意見を求めてきました。

私はペエペエの運輸省の一役人にすぎません。ＣＰＣ連絡局員の身分で、車も一台与えられていましたが、組織を越えたことはできません。

私はそのとき、下山定則国鉄総裁が適任だと推薦しました。ＧＨＱも私の意見を採り入れて下山に、と決めていたかも知れません。もちろん、私はその間の事情は知りません。ところがその年の七月、下山事件が起き、彼は怪死してしまった。

結局、マッカーサーと参謀長、バーンズ弁護士が話し合って、私にやれ、という命令が出たんです。

朝鮮問題に関わったことのある人間、例えば戦前に朝鮮にいたとか、総督府にいたとか、鉄道に関わっていたとか、何らかの関わりのある人たちは、朝鮮人の仕返しを過剰に怖がっていましたね。

「戦時中に、日本人が朝鮮人の財産を持って行った、返せ」など、それが事実であろうとなかろうと、メチャクチャな要望を突きつけてくる朝鮮人もいた。そんな強硬姿勢に、日本人はビクビクしていたんです。

話は変わるけど、日本が戦争に負けたのは昭和二十年八月十五日と言われているけど、これはポツダム宣言を受諾した日とされています。

ポツダム宣言の受け取り日は八月十日です。したがって各国の日本の終戦の取り方に、八月十日か、八月十五日か、そこに五日間の違いがある。

北朝鮮と南朝鮮は日本の総督時代の終結を八月十五日にしている。当時の朝鮮総督阿部信行（陸軍大将）は八月十五日に、

「全ての権益を放棄する、李承晩政権にこれを渡す」と署名、捺印しているんですね。

戦争状態が終わったのは、国によって、また国内でも受けとめ方が違っていますが、私の考えでは、本当に日本が朝鮮から手を引いたのは、放棄したのは、サンフランシスコ条約だと思います。

それまでは、サンフランシスコ条約にもありますとおり「戦争状態」だった、GHQの軍政下にあって日本の主権は承認されていなかった、というのが正しいでしょう。

このサンフランシスコ条約が有効になったのは、昭和二十七年四月二十八日午後十時三十分です。

これをもって終戦とすべきが正しいんじゃないかと、私はそう思います。それまでは占領されていて、また日本国というものは独立していないと。

戦争に負けた、ポツダム宣言を受け入れただけであって、アメリカに日本全土を取られるか、それともソ連に取られてしまうか、一説ではソ連は北海道に上陸して占領する予定だったとも伝えられていますが、日本は連合軍によって分割されてもどうしようもない立場にありました。

朝鮮に対しても同じであって、サンフランシスコ条約は四十八ヵ国の連合国との平和条約ですけど、韓国とか北朝鮮は出てこないので、批准していません。

ただし平和条約には、韓国のような国、日本から独立した植民地であった北朝鮮は連合国と同じ権限を与えられる、と書いてあるんですね。

北朝鮮も南朝鮮も、終戦を李承晩は八月十日だと、金日成は八月十五日だなどといい、各々、異なった解釈をしていますが、日本から考えた時には、やはりこのサンフランシスコ条約の効力が発生した昭和二十七年に、北朝鮮も南朝鮮も主権国になった、と私は解釈しています。

つまり日本は昭和二十年に実効支配を喪失し、サンフランシスコ条約発効で領土権を放棄したわけです。

明治三十八年まで遡って調査　朝鮮鉄道職員所有を発見

私はＧＨＱ参謀長の極秘命令を受けてから、どうやったらこの問題の糸口を見つけることができるか、思案しました。

そこで、とりあえず朝鮮総督府が設置された明治三十八年まで遡ってみることにしました。そのことを調べる資料は、残念ながら国会図書館にしかありません。

国会図書館に行って「朝鮮総督」を調べているうちに、びっくりするような情報を入手しました。

まず第一点は、朝鮮は戦争によってとった戦利領土、領海ではないということです。つまり、戦争でとったものではないということがはっきりしました。

その他の樺太、南洋諸島（ドイツ委任統治）、台湾総督、関東州はいわゆる戦中は外地と呼ばれていました。

その外地の中で朝鮮だけは戦争の戦利品として占領した国ではない、日韓併合というものによって、日本が植民地としたということです。

日韓併合の年表を見ますと、明治二十八年（一八九五年）の日清戦争のあと清国講和条約全権李鴻章が来日、三月二十日、下関で会談を行ない、三月三十日に日清休戦条約に調印します。つまり下関条約です。

四月十七日に日清間の講和条約に調印、日本は遼東半島をとります。ところが四月二十三日、ドイツとロシア、フランスの三国が遼東半島は清国に返還せよ、と干渉しました。

日本は武力の差では、この列強三国には勝てませんので、翌二十四日の御前会議で、三国干渉を受け入れることにし、遼東半島を清国に返します。日本にとっては屈辱の三国干渉でした。

明治三十七年、南下するロシア（当時）と日本との間に日露戦争が開戦、日本海軍は二月八日、朝鮮の仁川沖、旅順口のロシア艦隊を攻撃し、二月十日、ついにロシアに対して宣戦を布告します。

そして二月二十三日、日本と韓国は、韓国の独立保持に関する日韓議定書に調印します。

日露戦争終結後、日本は韓国に統監府を設置し、伊藤博文が就任します。ところが併合に反対していた伊藤博文は明治四十二年（一九〇九年）、ハルピン駅で朝鮮人に暗殺され、死亡します。

皮肉にも、伊藤博文が暗殺された翌年明治四十三年八月二十二日、日韓条約調印後の二十九日、日韓が併合され、このとき国名は朝鮮と変わり、ここに朝鮮総督府が置かれました。つまり朝鮮は戦争に勝って取ったものではなく、朝鮮政府と日本政府との間の合意によって植民地になったという事実です。

したがって、終戦後、遡って日清戦争までの戦利品である領土、つまり台湾、樺太、千島列島（北方四島は日本領土権含まず）などは全部返還というか、権利を元の国へ戻したわけです。

ところが朝鮮だけは戦争をしないで併合したものだから、サンフランシスコ条約で日韓併合の一九一〇年からサンフランシスコ講和条約の間は、いわゆる日本の朝鮮総統治で、このサンフランシスコ条約で主権を認めた時をもって韓国になり、朝鮮民主主義人民共和国になった、とこういう解釈をいたしました。国会図書館で初めて分かったのです。

第二点は、ヤルタ協定（昭和二十年二月）によって、北朝鮮と南朝鮮は三十八度線の境をもって分けられ、北はソ連が、南はアメリカを中心とする連合国が駐留すると了承していた。

チャーチル、ルーズベルト、スターリンは対ドイツ戦後処理と、ソ連の対日参戦を協議していて、朝鮮半島への駐留を申し合わせていた。

第三点は、サンフランシスコ条約では、昭和二十年十月に韓国の大統領になった李承晩の方しか相手にしていなく、北朝鮮はほったらかしにしていた、ということが分かりました。

第四点は、非常に重大なことですが、外地と称している樺太、南洋諸島、朝鮮総督府、台湾総督府及び関東州（大連や旅順）の庁舎のことです。

当時の日本の国会は、陸軍の圧力で庁舎を作ることが許されなかったわけです。

自分たちが仕事をするオフィス、住まいの建設は、陸軍の反対が強くて予算化できませんでした。兵器優先予算ですから、庁舎などもっての他、ということです。

ところが、朝鮮総督府、樺太庁、南洋庁、関東州庁の職員共済組合の補助金、会社でいえば社員会の補助金、これなら陸軍も国会で承認するというわけです。

陸軍の反対で、京城の朝鮮総督府の建物（青瓦台）と新橋のビルは、国のものとしてではなく、共済組合員、つまり職員の建物として建設されたことが分かりました。

GHQのバーンズ弁護士の話によると、旧朝鮮総督府ビルの家主は誰かというと、阿部信行のサインをもとに、日本政府のものだった、という説です。

しかし、私の調査では社員会の総督府ビルだということが分かったのです。

そこで私は、これは立ち退きの理由になると知りまして、レーク・バーンズに話し、二人でGHQ本部の参謀長に再び面会を申し込んだのです。

参謀長はすぐに来い、というので、私とバーンズは一緒に出かけました。参謀長は待っていましてね。当時、私はこう言ったのです。

「戦前は日本政府の物であったのを、阿部総督は、全部朝鮮に上げます、全部渡しますと言ったので、東京にある総督府ビルも朝鮮に渡した、だから朝鮮人連盟が入っている、というのが彼らの理屈です。日本政府所有のビルなら、そういうことになりますが、私の調べでは、政府のものではなく、朝鮮総督府に勤めていた社員のものであり、共済組合のものであることが分かりました」

すると参謀長は喜んで、

「ミスター小山、よくやった。ありがとう」

と言って握手を求めてきました。

参謀長「君の名前で朝鮮人連盟の者をビルから追い出してくれ」

私が調べましたところ、歴代の朝鮮総督には陸軍大将が任命されていたんです。ちなみに台湾総督は海軍大将が、ずっと総督を務めていました。

いわゆる海軍の行政と陸軍の行政が、台湾と朝鮮で、それぞれ違いが出ています。陸軍の厳しい圧政に対し、海軍は温和なやり方だったと言われ、その違いが、台湾人が親日的、朝鮮人が反日的という今日の姿にまで影響しているようです。

朝鮮人の中に日本を恨んでいる者が多いのは、三韓征討、豊臣秀吉の朝鮮出兵、を引き合いに出すだけではなく、陸軍の厳しい圧政に、その原因があったようです。北朝鮮、南朝鮮に関わらず、日本に対する恨みは子々孫々まで続いているのが現状です。

ところで、日本が朝鮮で一番多く投資したのは朝鮮鉄道でした。今のお金にしたら三兆円とも七兆円とも言われています。いわゆる旧満州国の満州鉄道、南満州鉄道と同じように、朝鮮鉄道は日本陸軍にとっては重要な輸送手段でした。

戦争中に釜山に上陸した軍隊が、何日何時間何分何秒かかってソ連国境に近い豆満国境に到達するか、という競争をやったものです。

いわゆる兵隊さんと馬、兵器を釜山に上陸させ、そこから何日何秒でソ連と満州の国境に到達するかを重要視していたわけです。

満州鉄道、南満州鉄道、それに朝鮮鉄道は、日本を守る上での重要な輸送手段になったわけです。

朝鮮鉄道は釜山から日本海側を北へ、ソ連国境までの沿海と、西は京城、平城を経て新義州まで、その他鉱山鉄道など、全長三千キロから四千キロに及ぶネットワークでした。これらの鉄道は日本が建設したものです。

今は朝鮮人民共和国と韓国にとられてしまいましたが、これを残して両国に譲ったことが、特に韓国経済の再興になったと言えます。

私が清算人になってから判明したことですが、朝鮮鉄道で働いていた人は大体十万人ほどでした。そのうちの二割が日本人で、八割が朝鮮人たちでした。彼らのほとんどが共済組合員です。

その朝鮮鉄道の源は、朝鮮鉄道交通局です。先ほどいいましたように職員約十万人です。そして京城の朝鮮総督府ビル、青瓦台という、この前に「植民地時代の名残りを断て」というので解体された国会議事堂のような立派な建物、あの建物と土地も、日本政府のものではなく、十万人の共済組合員のものなんです。

つまり、所有者は朝鮮総督府交通局職員の共済組合のもので、それを総督府が九十九ヵ年で、共済組合と賃貸契約を結んでいたわけです。

東京・新橋のビルも同じです。ですから、阿部総督が「お譲りします」と言って引き渡しても、それは当時働いている職員のものですが、それを李承晩は承知していたかどうか。おそらく承知していなかったろうと思います。私が調査してGHQに報告したあとも、李承晩は京城の総督府ビルにおりましたし、政府のものと思い込んでいたでしょう。

はたして朝鮮の旧鉄道職員に賃貸料を支払っていたかどうか。また職員たちの了承の上で、時の大統領は解体したものかどうか、私の方からお伺いしたいほどです。

もしも、何ら保証せずにいたとしたら、八万人近い朝鮮の職員たちが可哀そうです。李承晩はヒットラー同様の独裁者と言われても仕方ありませんな。

私は調査を続けているうちに、この「賃貸契約」を見つけまして、さらに、「これは朝鮮総督府に勤めている役人の共済組合のものではなく、交通局の社員のものではないか」

ということを知りました。そこで再び、訂正のため、バーンズに報告し、もう一度GHQへ行って参謀長に説明することにしました。私はこう報告したのを覚えています。

「私は前回の調査報告で、総督府ビルは総督府に勤務している役人の共済組合の物だと言いましたが、今回の調査で、朝鮮総督府の中の交通局社員会のお金で建てたもので、総督府がこれを賃貸契約していました。したがって正しくは交通局共済組合員のものです。前総督府ビル東京事務所も、交通局共済組合員のものです」

こう報告しましたら、困ったことに、参謀長は私に、

「それではミスター小山、君は交通局共済組合の清算人になってくれ。朝鮮人連盟を君の名前で追い出すことにするが、いいかね」

と、急いでいる様子でした。

突然、副総理格の朝鮮総督府交通局共済組合の特殊整理人に就任

私にマッカーサー命令の「朝鮮総督府交通局共済組合の特殊整理人就任」の命令が下るのは、朝鮮戦争が始まっているさなかの昭和二十六年三月六日付です。

この辞令は三月六日付の官報に告示されています。総理府告示第四十三号により賠償庁所管の特殊整理人です。つまり、日本にある旧朝鮮鉄道共済組合員の財産、ビルや保養所などの清算人です。

その前に、二月頃だったか、打診がありまして、それで昭和二十六年三月六日付で運輸省をやめて賠償庁下の整理人になるわけです。一介の運輸省事務官が、今度は副総理格の位を貰ったわけです。

副総理というと、軍隊では大将です。局長クラスが大佐か少将ですから。

官報でもお分かりのように、三月六日に政令が出て、三月二十九日辞令です。当時の総理大臣は吉田茂。しかしこの人事はマッカーサーから日本政府に、「小山にやらせろ」と命令が下り、運輸大臣などと相談して、吉田茂名で辞令を出したのでしょう。

そこで私は運輸省をやめ、清算が終わる昭和三十二年春まで、この朝鮮鉄道共済組合員所有の総督府ビルや保養所などの清算に専念するわけです。

本当のことを言いますと、私は途方に暮れました。ＭＰがいて、何でもやれるではないかと言ったら、それができないという。あとで調べましたら、北朝鮮はソ連の軍政下にあり、アメリカは手を出せなかったわけです。

朝鮮動乱は昭和二十五年六月二十五日、金日成の北朝鮮軍十万が三十八度線を突破したことから始まったと言われています。北朝鮮側によると、先に南朝鮮側が仕掛けてきたから、と言っていますが、真相は不明です。

北朝鮮軍が三十八度線を突破した二日後、国連の安全保障理事会は、ソ連代表欠席のまま「北朝鮮弾劾決議」を採択し、韓国を防衛するため米軍二十五万人を中心とする国連軍を結成しています。

しかし南朝鮮、国連軍は釜山まで攻められ、九月十五日、国連軍は仁川上陸に成功して北朝鮮軍を挟み撃ちし、九月二十八日、国連軍は京城を奪回しました。

だが北朝鮮軍は十月二日、中国に参戦を要請。中国は人民解放軍を派遣し、人海戦術により国連軍を圧倒した。さらにはソ連の援助により、新鋭ジェット戦闘機ミグ15が飛来し、国連軍のレシプロ戦闘機は次々に撃ち落とされ、制空権を失った。

翌二十六年一月四日、勢いづいた中国と北朝鮮軍は京城を再度奪回し、国連軍と韓国軍は壊滅状態になり、忠清道まで退却した。

私がGHQから、旧朝鮮総督府ビルの清算人を依頼されていた頃、朝鮮半島では国連軍と韓国軍は敗退しつつあった。

マッカーサーは、後方の中国軍の補給路を断とうと、満州まで攻めようという考えだったが、トルーマンに反対され、ついには四月十一日、解任されます。

マッカーサーの命令で、旧総督府ビルは私個人（清算人）の名義になり、売却することにしたわけです。これには数社が応札しました。その中で共栄火災が当時一億円あまりで落札します。

別紙は、政令と総理府告示第四十三号です。

朝鮮総督府交通局共済組合の本邦内にある財産の整理に関する政令

（昭和二十六年三月六日号外）
（政令第四十号）

〔総理・大蔵大臣署名〕

朝鮮総督府交通局共済組合の本邦内にある財産の整理に関する政令をここに公布する。

朝鮮総督府交通局共済組合の本邦内にある財産の整理に関する政令

内閣は、ポツダム宣言の受諾に伴い発する命令に関する件（昭和二十年勅令第五百四十二号）に基き、この政令を制定する。

（目的）

第一条　朝鮮総督府交通局共済組合（以下「組合」という。）の本邦内にある財産は、この政令の定めるところにより整理する。

（監督）

第二条　組合の本邦内にある財産の整理は、大蔵大臣の監督に属する。

（特殊整理人）

第三条　組合の本邦内にある財産の整理は、特殊整理人が行う。

2　特殊整理人は、大蔵大臣が選任する。

3　旧日本占領地域に本店を有する会社の本邦内にある財産の整理に関する政令（昭和二十四年政令第二百九十一号。以下「政令第二百九十一号」という。）第十条（特殊整理人）第三項から第五項までの規定は、特殊整理人について準用する。

（特殊整理人の権限）

第四条　組合の本邦内にある財産の整理に関する組合の代表並びに当該財産の管理及び処分の権限は、特殊整理人に専属する。

（債務消滅行為等の禁止）

第五条　特殊整理人は、第六条（整理計画書）の規定による整理計画書の認可があり、且つ、大蔵大臣の指示があつた後でなければ、第七条（債務弁済の順位）第一項各号に掲げる債務について、弁済その他債務を消滅させる行為をすることができない。

2　特殊整理人は、第六条の規定による整理計画書の認可があり、且つ、大蔵大臣の指示があつた後でなければ、組合の本邦内にある財産を処分することができない。

3　前二項の規定は、公租公課の支払をする場合及び大蔵大臣の許可を受けてする場合においては適用しない。

（整理計画書）

第六条　特殊整理人は、大蔵大臣の指定する日までに、大蔵省令で定める手続により、左に掲げる事項を記載した整理計画書を作成（以下略）

◎総理府告示第四十三号

朝鮮総督府交通局共済組合の本邦内にある財産の整理に関する政府（昭和二十六年政令第四十号）第三條第二項の規定に基き、朝鮮総督府交通局共済組合の特殊整理人を昭和二十六年三月六日次のように選任した。

昭和二十六年三月二十九日

内閣総理大臣　吉田　茂

氏名	住所
小山　健一	横浜市金沢区六浦町四二七九番地

賠償庁

金韓国大使「朝鮮総督府ビルを譲ってくれ」とくる

私個人の名義になってしばらくのことです。この情報を聞きつけて、在日韓国大使の金龍秀が私の家に訪ねてきました。

当時、私は横浜市金沢区六浦の小さな家に独り住まいでした。独身でしたので、部屋は二間の小さな家です。そこに金大使が訪ねてきまして、びっくりしました。

なぜかというと、副総理格の私が、小さな家に独りで住んでいたからです。余りの小さな家に驚いたんですな。

「これが、マッカーサーの信頼厚い人の家かな」

と、家具しかない家の中を信じられない顔で見渡していた。

この金龍秀大使は元は大阪商船の代理店をやっていた人で、海運界には詳しい人でした。李承晩は日本に精通している金龍秀を駐日大使に任命していました。当時、朝鮮人はアメリカの庇護のもとにありますから、そりゃ鼻息が荒いですよ。日本人は小さくなっていました。駐日大使館だって、GHQが占拠している銀座和光ビル、例の服部時計店ビルですが、その部屋を借りていました。

ところが私が清算人になり、旧総督府ビルの名義人になったものですから、なんとかして韓国政府がもらい受けたい、満州鉄道ビルをアメリカ政府に寄付したように、韓国に寄付してほしい、と言うわけです。

韓国政府としては、旧総督府ビルは韓国のものと思っていますから、どうしても欲しいんですな。それにアメリカと韓国は同盟国です。日本はまだ独立していなく、ＧＨＱの軍政下にあります。

ですから、私が簡単に、寄付するだろうと思ったんでしょう。金大使は「私に大勲位をあげ、永久国賓扱いします」という書類を入れた立派な箱まで持ってこられた。

大勲位は勲一等の上にくる勲章です。その上、国賓待遇にするというから、私は自由に韓国へ出入りできる身分で、それは大変な地位につけます。

しかし私は、軽く断わりました。大勲位も国賓待遇も欲しいですが、私には朝鮮から裸一貫で引き揚げてきた鉄道職員及びその家族たちの、戦後の苦しい生活を知るにつれ、なんとかしてビルをお金にかえ、生活に困っている家族に分配したいと決めていたからです。

もしもあの時、ちょっとしたことでやる事が狂っていたら、私の人生はもの凄いものに変わっていたでしょうね。

でも私は、朝鮮鉄道局の家族を捜し出して分配してやることに決め、事情も打ちあけました。

もしもですね、清算人がかつて韓国に住んだことがあり、友人、知人もいるという立場の人だったら、弱みを突かれ、私のような行動はとらず、さっと寄付するなり、何か条件付きで安く売り払っていたかも知れません。

残念ながら私は韓国に住んだこともなく知人も友人もいませんから、恫喝されるとか脅かされるということがなかった。

私が朝鮮人に強いわけは、朝鮮に行ったこともなければ知人もいないからです。過去に私が朝鮮に住んでいたら、

「おい、こら！　小山！」といじめられていますよ。

私は陸軍でなく海軍に行っていたから、朝鮮にはまったく縁がなく、まったくの白です。だから、何ひとつ怖がるものはありませんよ。金大使が金沢八景の小さな私の家に来て、喉から手が出そうないい条件を出され、それを断わりましたが、もし私が過去に朝鮮の土を踏んでいたら、ナン癖をつけられ、脅かされて、普通の日本人のように、

「ああ、そうでした」

と謝り、金大使の言うとおりになっていたでしょう。

当時、こういうことが起きていたんです。例えば北朝鮮のある村に住んでいたある男が、自分の庭の石を持って日本へ戻った、とソ連の司令官に申し入れるわけです。するとソ連の司令官は、飛行機に乗って日本までやって来るんです。そして日本人に、

「おい。あんたが持っている石は、この人（朝鮮人）の物ではないか。すぐ返せ！」

と言うわけですが、当の日本人はＧＨＱが呼び出しをかけても行方不明で、日本にいないんです。死んだかも知れませんよね。

それで、次にどこへ来るかと言いますと、ＧＨＱのＣＰＣへ来るんです。ＣＰＣは民間財産管理局だから、そういうことが何百、何千件とあるんです。

もし、私が朝鮮にいたことがあったとなると、「おい、小山、きさま」と引っ張って朝鮮へ連れて行くでしょうが、私は住んだこともなければ、朝鮮総督府の役人でもないから、引っ張って行こうにも引っ張りようがないわけです。

極端な例が、朝鮮でお金を出して服を買っても、「俺のもんだ、返せ」と言うわけです。ＧＨＱを通じて。そりゃひどいものでした。

日本が戦争に負けて、朝鮮に何もかも返した昭和二十年九月時点で一番偉かったのは阿部信行総督（陸軍大将）で、次が田中政務総監でした。その次が交通局長です。鉄道をにぎっていますからね。

この田中政務総官は日本に帰りましてから、生活のために「天ぷら屋」をやりましたよ。ところが朝鮮人は一時、天ぷら屋の物まで「みんなオレのものだ、返せ」と言い出しましたよ。日本に帰って始めた天ぷら屋の物は関係ないのに、それくらい日本人を憎んでいましたね。


引揚者三千二百家族に分配金を支払い喜ばれた

清算人を引き受けてからは、北海道から沖縄まで、旧朝鮮鉄道で働いていた人の家族を捜しました。今も私の手もとには支払った人の名簿（口絵参照）がありますが、三千二百人です。

他にもいたんでしょうが、引き揚げ後、どこへ行ったのか、分からないままです。共栄火災に売った当時の一億円余り、今のお金にすると一千億円ぐらいになるでしょうか。昭和三十年頃の一億円といったら、大変なお金です。

どうやって支払って行ったかと言いますと、朝鮮鉄道共済組合の組合員証を持ってくれば、三段階の差をつけて支払いました。

長く勤めていた人と新しい人と、一年しかいない人、といったふうに三段階です。当時、平均一人四～五万円が支払われました。

しかしなかには、朝鮮を引き揚げるさい、何も持って行ってはいけないと言われ、裸一貫で帰った関係で、組合員証を朝鮮に置いてきた人もいたでしょう。そういう方は証明するものがなく、名のり出なかったのではないかと思います。気の毒ですよね。

あの終戦当時、「小山健一」という名前で現金が届けられるわけですから、中には涙を流して喜んだ人もいたそうです。

朝鮮鉄道には約八割近くの朝鮮人が働いていて、共済組合員になっていたはずです。そうした共済組合員の朝鮮人には、朝鮮に残していた総督府ビルや鉄道など、膨大な財産があり、その財産を貰いなさい、日本に帰ってきた共済組合員は日本にある物を貰いなさい、という風に分けたわけです。

はたして朝鮮の組合員たちは、李承晩大統領に分配してもらったものかどうか。貰えなかったとしたら、李承晩はひどい男ということになります。貰えなかった朝鮮人の組合員たちが、気の毒ですね。

ちなみに、満州鉄道は会社が所有していました。満州には鉄道の他、建物、大工場などすべて残してきましたが、唯一日本にあったのが、虎ノ門の満鉄ビルでした。清算人は閉鎖機関となります。

こちらは会社の持ち物ですから、会社とアメリカ政府の関係になり、アメリカ政府に寄付されます。さらには日本の三井不動産に売却され、現在は建てかえられて、大阪商船三井船舶ビルになっています。

したがって、満鉄社員たちは、気の毒なことに一円たりとも分配されませんでした。それに比べ、朝鮮鉄道の社員は、分配されています。ここに、運不運があります。

もしも私が「このビルは鉄道局の社員の持ち物」と証拠を摑んでいなかったら、満鉄ビルと同じ運命だったでしょう。

そこで、占拠していた朝鮮人連盟の者たちはその後どうしたかと言うと、私の名義になって間もなく、ＧＨＱに追い出され、他所へ移って行きました。ビルの名前も、ファイナンスビルに変わります。それから間もなく、ＧＨＱのＥＳＳが、ちゃっかりとそのビルに引っ越していました。

今思うに、サンフランシスコ平和条約で朝鮮の独立を認め、戦時補償をしましたが、北朝鮮への補償分は、李承晩から返されたとは思えません。ネコババしたのでしょう。外務省の言い分をとるなら、韓国は他人の物まで貰っているということです。

確かに、日本が七兆円、九兆円とも言われる資産を朝鮮に置いてきた、というのは重い事実ですが、韓国に補償したのなら、北朝鮮にも同様に対応して、戦後処理問題を解決すべきだと思います。

第三章——金丸信、北朝鮮外交の真実

深夜、金日成は金丸信の部屋を訪ね、土下座して「戦争賠償金をもらいたい」

この話は、私が金丸さんに会って確認したことです。金丸さんの名誉のために、このことははっきりさせて、記録に残しておきたいと思います。

金丸さんが社会党の田辺委員長と二人で北朝鮮の金日成に会いに行ったのは一九九〇年九月でした。

日本のマスコミは、金丸さんが金日成の前で土下座したと報道しました。誰がどこで見ていたのか、もちろん新聞記者が見ていたわけではありません。また金丸さん、田辺さんが話したことでもありませんでした。

この「金丸土下座」の誤報は誰が発信したか、誰が誤報したか、いまもって不明ですし、訂正もしていません。

ここで私が初めて、金日成と金丸さんの名誉のために、本当のことを述べます。私が確認した事実です。

もしも外務省は間違ったことを言っていない、とすれば日本の新聞が捏造《ねつぞう》したことになり、ぜひとも担当者は私に反論していただきたいと思います。誤報は、本人の名誉が傷つくばかりでなく、国家の損失にもなるからです。

あれは何年前だったか。私が日中フェリーの件で中国を訪問していたとき、親しい中国人が、

「金日成の右腕と言われた男（当時、北朝鮮の中国駐在大使）から、金丸と金日成の会談は間違って報道されている」

と私に言ったのです。

それで、どっちが本当かと確認したくて、私は金丸さんの自宅へ会いに行きました。合計三回訪ねています。最初のときは、

「私が北京に行ったとき、北朝鮮の大使が、『間違った報道をしている。私どもの金日成の方が土下座してお願いした。日本は金丸が土下座してお願いした、とあるのは間違い』と言われたが、どれが正しいのですか」

と尋ねた。金丸さんは、

「小山くん、そうなんだよ」

とぽつと言った。

「なんで土下座外交して恥をかいたんですか」

するど金丸さんは、

「個人的な資格で訪朝した、と外務省が怒ったから、そうなった」と。

そのとき、金日成と金丸信の二人だけの交渉の経過を聞きました。金丸さんはこう言いました。

「小山くんに話したとおりなんだ。真夜中の十二時すぎだった、私はパジャマ姿で寝ていたんだ。すると突然、金日成がホテルの私の部屋を訪ねてきて、私に『戦争賠償金をもらいたい。理由は、色々な国から金と食糧をもらうと、北朝鮮は基地を寄こせとか、植民地的な要求をされるからいやだ。ところが要求せんでもらえるのは日本の賠償だけだ』と、李承晩だけにやらずに、私の方にもくださいと金日成が土下座して頼んだ」

日本以外、ロシアや中国からお金や食糧をもらうと、代償を寄こせと、要求されるが、日本の場合はそれがないので、北朝鮮にも賠償金を払ってほしい、ということだったそうである。

私は余りにも金丸さんが可哀そうに思えたので、金丸さんに会う前に、金丸さんの三奉行の一人、奥田さんにそのことを話したら、奥田さんは涙を流さんばかりに喜ばれて、金丸さんに言って下さい、と言われた。

戦後賠償をしていたら拉致問題は起きなかった

二度目のとき、金丸さんと会っているうちに、

「本当は金日成が土下座して頼んだのに、金丸さんが反対に土下座したようにいわれて、余りにも気の毒だと思いますよ。マスコミにはあんなに叩かれて。私と今のうちに金日成に会いに行きましょうか」

と言ったら、

「そうしようか」

それからしばらくすると、金丸さんは脱税で引っぱられた。金丸さんは私に、

「私の息子と一緒に行ってくれるか。帰ってきて、マスコミに本当のことを発表しようじゃないか」

と言われた。

金丸さんの息子はどこかの会社の社長をしていて、私が金日成に会いに行こうと言ったら、

「いつでも行きます」

といって承諾を得、準備にとりかかったのです。

そしたら、それから間もなくして、金丸さんから、

「金日成が死んだよ。金日成の使いの者がきて、心臓麻痺で亡くなったと。ニトロを呑めば

よかったのに、お付きの者が、医者がくるまで呑ませなかったので、死んでしまったと」

金日成は東京から熱海ぐらいの距離のところに別荘を持っていた。ヘリコプターで二、三十分くらいのところで、医者なしで一人で行ったらしく、急に心臓が苦しくなった。医者は金日成が倒れたのを知ってヘリで行く。ところが、不運にもヘリは落雷に会い、医者も死んだ。

金日成を取り巻く人は本当の真相を、金丸のところに知らせてきた。それは「金日成が暗殺された」という噂が噂をよんでいたからでした。

「私どもの金日成は、暗殺、恨まれて死んだのではないのです。小山さんと金丸さんの息子さんの二人が来られても、お会いできません」

私は金日成に会って、

「本当は頭を下げたのはあなたでしょう」

と聞きたかった。

残念ながら、当の本人が急死され、本人から聞くことはできなかったが、その前に金丸さん本人から、ホテルでの一件を聞いて確認している。

突然、極秘に一人でやってくる、というやり方は、共産党が使う手である。スターリンは、日ソ不可侵条約のとき、モスクワ駅で松岡外相にこの手を使っている。

昭和十六年四月、松岡洋右が「日ソ中立条約」を交渉するとき、スターリンは席上ではうんと言わなかった。

ところが、松岡がモスクワから列車に乗り込もうとすると、スターリンは反対側の線路からのぼってきて握手し、松岡の背中を叩きながら、

「われわれは互いにアジア人だ」

と言って抱擁した。

スターリンはまともなときは会わず、便所で会ったりするなど妙な男だった。

金日成もスターリンのやり方に似ていて、明日帰るという夜の十二時頃に、ホテルにやってきて、

「あなただけが頼りです」

と土下座している。

私が二度目に金丸さんに会ったとき、

「オレの方から行くから」

と言っておったのに、残念です。その時、私が金丸さんに、

「何が怖いのですか」

と訊《き》いたことがある。

すると金丸さんは、こう言ったね。

「外務省だね」

金丸さんは、金集めするから、政・官民から恨まれていたが、北朝鮮問題では、あとひと押しだった。けど、外務省に潰されたようなものである。

戦後賠償をしていたら、拉致《らち》問題も起きなかったと思う。

金日成の偉大さは七人のドイツ科学者を引き受けたこと

北朝鮮（朝鮮民主主義人民共和国）は気の毒な民族と思います。カイロ宣言で、南北に分断され、しかも日本からの補償金は、南朝鮮の李承晩がひとり占めしたわけですから、これはまだ未解決の問題というべきでしょう。

以前、私は金丸信副総理と二度会って、金日成との交渉の一件を詳しく聞きました。北朝鮮との外交問題で、私なりの「考え」を申します。

まず、北朝鮮と交渉する場合ですが、父親の故金日成総書記を褒《ほ》めることです。私は、実際に、金日成は偉い人物だな、と感心している一人です。

戦前、金日成は李承晩と並んで、反日精神を持った、「北の親玉」ですよ。しかし金日成の偉いところは、新しきを知り、古いことも大切にする、東洋の古い言葉でいえば「温故知新」、これに徹した人だと私は思います。

なかでも私が偉いな、と思ったのは、ソ連が無用となった七人の科学者を引き受けたことです。ドイツの原子力科学者は、ソ連が六〜七人、アメリカが二〜三人、引き取ったわけです。そのために、戦後の原子力科学の部門ではソ連が非常に強くなった。宇宙科学者なんかも、ソ連がアメリカを抜いて第一人者になりました。

ところがソ連は、ドイツの科学者が年をとったため「お払い箱」にした。すでに七十、八十歳いや九十歳になって、無用になったんです。

金日成は、ソ連が使い捨てた七人の科学者を引きとって、核開発に取り組みます。それも、厚待遇です。そして彼らが持っている知識を北朝鮮の若い科学者に勉強させ、育てました。

それを今度は、ある程度製品としてパキスタンやイラン、イラクに売って国家収入にしている。やっている行為は、日本的考えをすれば、非常に危険だけれど、私は金日成はこれを国家財政に使い、そして自らアメリカへもソ連へも飛び、またイギリスにも行って、北朝鮮の自主・独立外交をやった。

ちょっと強硬な外交でしたが、他国に干渉されない友好的外交もやった。他国からお金を借りたり、食糧援助を受けると、その見返りを求められる、ひどい場合は基地を提供することにもなりかねないことを、金日成は知っていたのでしょう。

実は私が金日成と会うため、金丸信さんが金日成の側近と連絡をとり、金丸さんに頼まれて行くことになっていたんです。ところが、向こうから電話が入り、持病の心臓病で突如、別荘先で倒れたことを知りました（私はすぐ即日、外務省に情報を入れたが無視されました）。

私としては非常に残念で、金丸さんもがっかりしていました。

我々日本人から見ると、立派というか反日の親玉であるけれども、敵ながらあっぱれな金日成だったと思います。イデオロギー、主義主張は違っていても、人間としての立派さというのは、世界一流の指導者である、と思います。

外務省も、こういう具合に褒めるところは褒めればいいのですよ。言われた方の北朝鮮の政府高官たちは、反対できないわけですから。

偉大な父を持つ息子の金正日は、日本から、いわゆる拉致問題を起こしたり、あるいは対日反攻を具体的にしている。これは偉大な父親についていこうとする息子の努力の現われであり、一部の政治家なり、いわゆる戦争屋と称する連中が、その間に入っているように思える。

もし父親の金日成が生きていたとすれば、日本人から日本の文化、日本の教育制度など日本の良さを学ぶため、日本から数十人の指導者となる人たちを招待して、北朝鮮の人たちに指導を受けさせただろうと想像します。

父・日成に対して息子の正日は、自分の部下の軍人または政治家の一部、あるいは密偵の一部を通じて、日本人を招待するどころか、拉致して日本の良いところを勉強しようとした。えらい違いだ。

私が思うに、息子の金正日は、この点で取り巻き連中の言いなりになっていて、傀儡《かいらい》指導者にすぎないと。本当に父親を尊敬し、父親を真似ようとするならば、日本人を拉致するようなことはしなかっただろう。いや、しないだろう。

在日の北朝鮮関係者から働きかけて、それぞれの専門家を国賓なみに招待して日本語や日本文化を学ばせていたはずである。


私は金丸信と一緒に訪朝し金日成に会うことになっていた

私が北朝鮮交渉の責任者の立場なら、こんな具合に偉大な金日成を褒《ほ》めます。そうすれば、金正日は困っちゃうわけです。

ところが今の日本の外交なり政治家は、金正日だけではなく、金日成の悪口を言って怒らせている。自分が尊敬している金日成総書記の悪口を言われれば、当然怒りますよ。

日本は政治外交が間違っている。金日成を褒めちぎらなくてはいけないんです。

立場をわが国の明治維新時代下にかえてみますよ。明治天皇陛下は偉い人だった、と言う中国人があって、昭和天皇陛下に、

「明治天皇さまは偉大な指導者でした」

と褒めたら、昭和天皇陛下は何も反対できないでしょう。逆に悪口を言われると、怒ります。

外務省の役人や政治家たちは、なんで金正日ばかり叩くのか、金正日は人間ではないとか、そんなことばかり言ってたら、まとまるものもまとまらないでしょう。

拉致は、船で人間をかっぱらって連れてくるわけだから、これは国際法上、海賊行為です。独立国の北朝鮮がやっていることは国際法上、違反行為です。日本といわず、拉致された側の国は、すぐに戦争をやってもいい。

日本は、残念ながら軍隊をもたないから、やられっ放しです。だからと言って、拉致された家族名を上げて、金正日の悪口を言うだけでは、進展はないでしょう。

「父の金日成さまは、三顧の礼をもって、北朝鮮に日本人を連れて行った。息子の金正日は、それをせずに、海上で日本人を拉致していった。父・金日成さまは、絶対に国際法に違反するようなことはしなかったでしょう」

と交渉すれば、金正日も取り巻きの政治家たちも、困ってしまうでしょうね。また、「亡くなった金日成総書記は偉い、こんな偉い人は世界の指導者の中にも滅多にいない、イギリスのチャーチル以上だ」と褒めちぎります。また、反日は当たり前のこと、自分を苛《いじ》めた奴に、反日感情を持つのは当たり前です。

本当に日本の外務省はダメですね。外交が下手です。田中角栄の悪口を言ったら、田中真紀子は怒りますよ。気持ちよくないですよ。それと同じですよ。

誰だって父親の悪口を言われるとおもしろくないです。褒められれば、どんなに悪い息子でも、うれしいですよ。

外交はその時によって使い分けするもんで、法律だけでは片付くものではない。特に金日成、正日親子の場合は独裁国家だから、偉大な父親のことを褒めることです。

現に南と違い、北朝鮮の方は、他国軍を駐留させずに、自主外交をやってきたわけですから、その歴史を捉えて外交する必要があります。

朝鮮戦争の時は、ソ連はアメリカとの約束があるから、ヤルタ協定でね、軍を出せなかった。というよりも、金日成の方でソ連を追い出して、毛沢東に頼みます。

これなども、金日成は世界の外交家ですよ。なかなか偉い人です。突然、持病の心臓病で亡くなり、残念でしたがね。私は金丸信と一緒に会うことになっていたんですが、実に惜しいことをした。

参考資料——ソ連軍の朝鮮進攻

8月6日　広島に原子爆弾。
8月9日　ソ連軍、満州へ予告なし、日ソ不可侵条約を破り進攻。
8月13日　ソ連軍、朝鮮の清津に上陸。羅津、雄基、解放。
8月14日　日本、ポツダム宣言を受諾。
8月17日　朝鮮解放の報道。ソ連軍の乱行、平壌で広がる。

朱栄福（朝鮮人新兵部隊所属、のち北朝鮮の人民軍工兵将校）の手記によると、ソ連は、対日宣戦を布告すると、ソ連極東軍総司令官A・M・バンツレフスキー元帥がひきいる百五十七万の大軍が全満州を攻撃した。朝鮮進出を担当したのはチスチャコフ大将が指揮する第二十五軍。沿海州から東寧、延吉、汪清一帯に進出し、八月十三日、清津に上陸した。

海岸を守備していた日本軍は激しく抵抗したが、十四日朝、清津の要所を占領した。羅南の第十九師団など日系市民は着のみ着のままで羅南、城津街道から南下、緊急疎開した。

朱栄福は八月十五日の羅南の様子をこう書いている。

「十五日の夜、羅南の軍当局は最後の破壊作戦に出て、全市の軍事施設に火をかけて焼いた。第十九師団司令部、旅団司令部、歩兵連隊、山砲連隊の本部と数十棟の兵舎、独労津の巨大な兵器廠、弾薬庫、厖大な倉庫群、および一〇〇〇戸を越える軍官舎など、ことごとく爆破され、放火され、一夜のうちに灰燼にきしていた。その夜、ぼくは（船舶兵部隊）鏡城の北にあたる山の上から、炎上する羅南の赤い空を眺めていた」

また、こうも書いている。

「ようやく八月十七日頃になって、朝鮮解放の正式報道が全国津々浦々に伝わった。日

本、連合軍に降伏、朝鮮解放、朝鮮独立、これは夢ではないか？　こんな痛快なことが一生に二度とありうるか？」（中略）

「ソ連軍が正式に進駐を開始したのは八月二十日頃であった。朝鮮人民、農民はいたるところに集まって、刻々と伝えられるニュースや噂に一喜一憂した。とくに新しくやってきた進駐軍がどんなものであるかについてのニュースや噂に敏感であった。（中略）ソ連軍を民族の解放者として熱狂的に歓迎したわが北朝鮮の同胞は（今日見る結果を抜きすれば）正しかったのである。

われわれをしてソ連軍をかくもあたたかく迎えるようにさせたのは、外ならぬアメリカである。対日戦争の早期終結をめざし、わが民族に相談もせず、物差しで引いたような三十八度線で南北に分け、ソ連軍を北半分に進駐させたのはアメリカの政策であったからである。

しかし北半分にいるわが同胞は、ソ連軍だけを祖国の解放者とみなしたのだろうか。否そうではない。われわれはそれほど無知蒙昧な民族ではない。われわれは連合軍である米英中ソのどの国に対しても、日本帝国を打ち破り、われわれを解放してくれた国としてありがたく感ずるであろう」（朱栄福「朝鮮人民軍の南侵と敗退」より）

第三部――戦中・戦後史を語る

〔出席者／小山健一 vs 堤堯　構成／早瀬利之〕

堤　堯　昭和十二年生まれ。東大法学部卒後、文藝春秋社入社。「諸君」「文藝春秋」編集長、編集局長、出版局長、常務取締役。ジャーナリスト。青城社代表。著書に「昭和三傑」などがある。

小山健一　大正十年生まれ。神戸大学海事科学部卒業。元GHQ連絡官。元運輸省海運総局長官官房。戦後、GHQの下で朝鮮総督府ビル特殊整理人就任。昭和企業ほか社長。元海軍大尉。著書に「私だけが知っている田中角栄無罪」

第一章——松田竹千代政務次官を語る

十四歳でアメリカへ渡航　「テキサス無宿」と呼ばれて

堤　実はついこのあいだ、竹千代の娘さんの妙子さんに会いました。面白い女性です。女傑ですね。

小山　そうですか。それは良かった。私は松田竹千代と伯父・甥の関係にありました。向こうも「甥っ子の小山」と言って他人に紹介するし、私も伯父と言っておりましたけれども、俗に言う本当の伯父ではないんです。血はつながっていない。

堤　と言いますと?

小山　つまり親の兄弟ではないわけです。松田竹千代さんと言っていいか、松田竹千代先生と言っていいのか、私との初めての出会いは戦後なんです。戦後、私は運輸省の役人をしておりまして、関西へ出張して帰る車中で出会いましたのが松田竹千代先生との初めての出会いです。

赤坂のある料亭が経営している小さな旅館が伊東にありまして、そこで松田竹千代と一晩話し合った。話しているうちに、あなたとは遠縁だけど親戚じゃないかということになって、たしか昭和二十二年ぐらいの時でしたか。

松田竹千代さんというのは、大阪の、今の関西空港のある岸和田近辺の出身の人で、たしか松田家の四男です。私の郷里は岡山ですが、私の母方の親戚に大森という家があって、その大森家に子供がなく、このままでは家を継ぐ者がいない。養子と養女をもらってきて、家を継がせた。その養子に松田竹千代がやってくる。竹千代の奥さんになる澄江さん。この人も大森家が養女に迎えた女性で、養子・養女の縁組で大森家を継ぐんです。

ほどなく竹千代と澄江——二人の間に兵蔵と名付けた男の子が生まれた。二人はその子・兵蔵を大森家の跡取りに残して、大森家を去るんです。竹千代は澄江夫人を連れて岸和田の松田家に戻って松田竹千代になった。それから二人の間に娘が四人生まれる。一番最後の四人目の娘が、あなたがお会いになった松田妙子です。

堤　そうなんですか。

小山　昔は養子とか養女とかというのは簡単にやっていたものらしいですね。このごろはあまり養子縁組とか養女縁組とか、まして養子・養女縁組なんて、ほとんど聞かないけれども。

堤　澄江さんも岸和田の人だったんですか。

小山　いや、澄江さんは岡山の出です。松田竹千代というのは四男で、早く言えば松田家にとっては重要人物ではなかったんでしょうね。大森家というのは岡山では旧家ですけども、たまたま私の母方の親戚になる。

松田竹千代さんという人は、あとで私も知るんですけれども、彼の人生には三つの顔があった。一つは冒険少年とでも言うべき顔です。

堤「テキサス無宿」と呼ばれましたね。

小山　ええ。冒険家の顔があるんです。十四歳で、一人で渡米するんです。今から考えれば本当に驚きですが、親からいくばくかの金をもらって、風呂敷包み一つを抱えて渡米する。十四歳ですよ。

堤　四男坊だから、故郷にいてもうだつが上がらないと思ったのかな（笑い）。

小山　それで、アメリカ放浪生活を数年やる。これが聞くも涙、語るも驚き。波瀾万丈の大冒険生活をやる。この体験が松田竹千代さんの性格を築いたと思います。

堤　大蔵大臣や総理大臣をやった高橋是清も、同じように単独でアメリカへ渡って、奴隷に売り飛ばされたり大変な生涯を送ったんだけど、それを知っていたのかな（笑い）。

小山　冒険少年時代の体験が後年の松田竹千代を形成したと思います。これが一つの顔です。もう一つは社会事業家の顔です。少年時代は貧乏で何もない。夢見る少年なら誰しも辿る道かもしれないけども、貧しきを助け、弱きを助けて強きをくじくという弱き人類を助ける社会事業家としての顔がある。これは死ぬまで続きました。それから、三つ目の顔は国会議員。衆議院議員で米国から帰国後二十四歳から九十二歳で死ぬまで国会議員だったわけですから、立派なもんだと私は思います。

私との出会いは戦後、さきほど申し上げたとおりで、話をしているうちに「大森家を通じてお前とは親戚じゃないか」ということになった。当時、松田竹千代は政友鳩山一郎と一緒に追放の身でした。追放でもてあました時間を過ごすのに、運輸省の私の部屋へ、昼ともなれば必ず囲碁将棋を打ちにやってくるんです。私としては非常に迷惑な伯父さんだと思っていた（笑い）。しかし、私は伯父である松田竹千代に憧れを持っていた。それは何かというと、私も外国へ行きたかったんです。

そうしたら、ある日、「小山、いよいよお前をアメリカに連れていってやることができる」と言う。シメタと思った。外務省に勤めるよりも、やっぱり運輸省に勤めて松田竹千代と出会ったのが俺の運かなと思っていたら、何と「密航しろ」って言うんです（笑い）。船長と話をつけてきたから密航しろと。横浜に何とか号という貨物船が着いているが、それがサンフランシスコへ行くからそれに密航しろと。貨物の入る船倉の中へ十日分の飯を持って密航しろと（笑い）。「内緒で船長に話をつけてきたから大丈夫だ」と真顔でいう。

松田はそりゃぁ英語、いや米語がうまいんです。さっきも言ったように、十四歳で渡米して二十四歳まで十年間、アメリカで身につけたいわゆるベランメエ米語でね。

堤　だからアダ名がテキサス無宿。

小山　そうです。テキサスだけでなく、アメリカ中どこへでも行った。新聞配達をやったり、ミルク配達をやったりするのは誰でもやることだけれども、子守りをやってオシメを替えたり洗濯したりする。そうかと思えば、自動車の掃除係をやったり、便所掃除をやったり……。

堤　たしかカウボーイもやった。

小山　そうです。あらゆるアメリカの下積み生活をやる。ニグロと生活も一緒にした。特に彼の得意とするのはニグロ、黒人米語で、これが分かるのは松田竹千代だけだと言われるんです。もっと凄いのはインディアン語ができるのは生活してたんですから。とにかくインディアン語ができて、ニグロ言葉ができて、そしてテキサスへ行けばテキサス弁をマスターするし、ニューヨークへ行けばニューヨーク弁、サンフランシスコに行けばサンフランシスコ弁ができるし、つまり米語の大家なんです。

私も多少英語ができるので、英国人にしてもアメリカ人にしても戦後はGHQですが、そういう人の英語とは対等に話ができるんだけど、変な話だけど、松田竹千代の英語は分からない。あんまりベランメエすぎて、巻き舌がすごくて。おまけに、ときどき私の英語が下手クソで聞いておれんと怒るんです。ですから、おそらく大正・昭和・平成の御代《みよ》を通じて、アメリカ人よりも上手なアメリカ語ができるのは、国会の中で松田竹千代だけじゃないでしょうか、私はそう思います。

第二の顔、ベトナム戦争孤児の救済活動家として

小山　それはともかく、私は小山と言う姓ですけども、伯父は「これは俺の甥っ子だよ」と言って、政界・財界・官界、いろんな所に行って私を紹介してくれて、可愛がってくれたんです。何でこんなに私を可愛がってくれるのかと思った。松田がさっきお話した大森家へ養子・養女で入って、最初に生まれた子供の大森兵蔵という男が私と同じ年なんです。

この大森兵蔵というのは第一期の海軍予備学生なんです。第一期予備学生というのは質がいいんです。戦争中に大学生が学徒動員でみんな取られましたけども、大森兵蔵は海軍の第一期生。慶応大学を出ている。国策パルプの社長をした私の友人那須さんのすぐ下の弟と大学同期生で仲の良い間柄で、非常に立派な男と聞かされていました。

堤　何学部ですか。

小山　経済学部。詳しくは知りませんけども、彼の友人が興業銀行にいて、大森兵蔵を非常に褒めておりました。その兵蔵が可哀想に第一陣で戦地へ行く途中、日本の輸送船に乗って戦地へ赴任するんですが、その輸送船が潜水艦にやられて死んでしまうんです。ですから、名誉の第一期海軍予備学生の、それも第一号戦死でした。

松田竹千代にしてみれば、自分の実の子がいるけども大森家に置いてきて、自分は松田家に帰りましたから、いわゆる遺族じゃないんです。戸籍上は親じゃない。実の子供が海軍少

尉として名誉の戦死を遂げたのに、その父親として、軍人遺族として、それに参加できないのが彼の一番の悲しみ、悩み、痛恨事だったんです。

ところがそこへ、同じ年で海軍へ行った小山という若者が現われて、しかも親戚だということで、松田竹千代から見て、実の子供の大森兵蔵と小山健一とが重なって私を見たらしくて、あるとき食事か何かした時に、「おまえ松田家に来ないか」と、しみじみと言ったことがあるんです。つまり、我が身は海軍政務次官まで務めたのに自分の跡継ぎにしようと思ったんでしょう。

そういったわけで、私は松田竹千代を伯父さんと言っていますし、向こうも甥っ子の小山だと言っていろんな所に紹介してくれた。それだけではなくて、私が事業家として会社をやる時には、必ず取締役として私を助けてくれています。この会社昭和企業もずっと会社ができた時から取締役としていてくれています。

私は太平洋汽船という船会社を戦後四十年間やってきたわけですけども、その太平洋汽船でも取締役になってくれています。つまり、私にとっては保証人にもなり、伯父さんにもなり、父親と同様、指導者にもなり、変な話だけども親子の間柄で私を可愛がってくれたんです。

私が思いますのに、法律的には自分の子ではないけれども、実のわが子が名誉の戦死を遂げた。それなのに実の父親として、軍人遺族として参加できない。しかも自分は海軍政務次官まで勤めている。何とも言えない残念な気持ちだったんでしょう。
　そこへ、小山という人間が現われて、親戚であると同時に自分の子供と同い年だ。学校の出身とか、そういうものは違うけれども同い年だ。しかもこの若者は海軍に行って生き残った。まるで戦死した子供が帰ってきたような、そういう気持ちだったと思うんです。ですから、本当の親兄弟というか、伯父・甥の関係よりも、もっと強い関係です。そういうわけで、私はこの松田竹千代に非常に可愛がってもらった。私自身も彼を尊敬しました。

堤　そこで、その運輸省の課長補佐に、「お前、アメリカに密航しろ」と言った一件はどうなりました?

小山　結局、私のほうが断わりました（笑い）。だって、考えて下さい。運輸省といったって俗に言う本省ですよ。地方の局ではなくて本省のれっきとした課長補佐官が、リュックサック背負って密航するなんて姿、およそ考えられない（笑い）。警察官が風呂敷背負って、頬かむりして泥棒に入るようなもんでしょう。しかし本人は本気になっているんです。「今晩行け」って言うわけ。私も開いた口がふさがらない（笑い）。松田竹千代という人は、そういう人だった。だからこそ冒険少年をやってのけたんでしょう。これ、本当の話です。

堤　破天荒な人だったんですね。

小山　まさに破天荒な人でした。

堤　さきほどの第二の顔の社会事業家について言えば、竹千代さんはベトナム孤児を助ける運動もやっていますね。

小山　それはこういうことなんです。日本で戦後、アメリカに占領された時にアメリカの兵隊と日本の女性が作った子供がたくさん出来た。これをエリザベス・サンダース・ホームを作って預かった。

堤　澤田美喜さんですね。

小山　澤田美喜、あれと同じ考えです。さっきお話したように、松田竹千代はアメリカで艱難辛苦を舐めたあと、帰国してから慈善事業家の顔を持つようになった。弱きを助け、強きをくじき、貧しい者を救うという精神で、エリザベス・サンダース・ホームに彼は大賛成だった。

そこで、南ベトナムが北ベトナムに負けたけども、アメリカの兵隊が南ベトナムを占領している間に、ベトナム女性に子供をたくさん産ませた。松田竹千代は占領直後の日本を思い出したんでしょう。日本を占領したアメリカの兵隊と日本の女性との間に、子供がたくさん生まれた。中には黒人の兵隊との間に生まれた子もいる。

それをいち早く彼は考えて、私も覚えていますけども、ホー・チ・ミンに申請を出した。エリザベス・サンダース・ホームじゃなくて、ベトナム孤児院と言いましたかな、それを創る申請を出したんです。ホー・チ・ミンは最後まで許可しませんでした。だけども、日本は松田竹千代の提案に賛成して、彼は財界からは集めませんでしたけども、政界から金を集めて、ベトナム救済事業として一種の公団のようなものを作りました。

ベトナム孤児福祉教育財団はまだ残っています。奈良県出身の代議士で文部大臣をした奥野誠亮、なかなか立派な人でしたが、これに二代目を譲って松田は死にました。奥野さんはこのあいだ死んだからどうなったのかな。誰かが引き継いで、まだそれは残っているはずですよ。

松田竹千代は「金のない代議士先生」というので有名でしたけども、なかなか立派な人でした。ベトナム戦争が終結した時に、日本の政府なり民間企業が、ベトナム進出をみんな考えたけども、松田竹千代はいち早く第二のエリザベス・サンダース・ホームを考えたわけです。政界の一人一人に足を運んで、これからのベトナムをやっていくのには、アメリカ人が残したキタナイ足跡をちゃんとキレイにしてやるのが、日本のベトナムに対する一番の対策になると言って口説いた。松田竹千代という人は国会議員としても立派ですけども、社会事業家としても立派でした。彼には常に社会事業家的発想が非常にあって、ベトナム孤児救済を実現しましたから。

なぜホー・チ・ミンが許可しなかったか。彼は松田竹千代の履歴を調べたんでしょうな。ニューヨーク大学卒になっているんです。

ニューヨーク大学卒がホー・チ・ミンの気に障ったらしいです（笑い）。これ本当です。二、三回正式に申し込んだんです。即断即決、ハノイまでホー・チ・ミンに会いに行ったんです。しかしホー・チ・ミンは会わなかったです。

堤　アメリカ兵とベトナム女性との間に出来た子供というのは、やっぱり何万人でしょうね。

小山　ええ、たぶん、いやもちろん。

堤　「ココ・シャネルの伝記」で読んだんですが、たしかナチがフランスを占領した間に、ドイツ兵とパリジェンヌの間に生まれた子供が八万人ぐらいるんです。産んだ女性はあとで酷い目に遭いました。頭を丸坊主にされて行進させられたりして。シャネル自身も危うく丸坊主にされるところだった。チャーチルと懇意にしていて、助かりましたがね。おそらくベトナムでも同じような光景が見られたんでしょうね。

小山　そうですね。そして、どこでも強いほうが弱い者をイジメるということにおいては同じですけども、特にこのアメリカの兵隊は占領地に住み着いて生活するという気持ちがないんです。女性も子供も捨てて、いつでも母国へ帰れる、そういう気持ちが強いんです。日本を占領したときも、日本の女性と永住生活をするというのはほとんどいない。女子供を国へ連れて帰ったらどうかと思うんだけれども、そういうのはほとんどいない。やはり自分は母国へ帰るんだ、そういう気持ちがアメリカの兵隊には非常に強いです。ところが、ヨーロッパの兵隊は少し国民性が違うんでしょう。そこに住み着くんです。占領したところの女性と住み着いて一生そこで暮らしていく。子供を作って家庭を持って暮らしていく。

堤　それはローマの昔からです。古代ローマの兵隊がそうだった。

小山　移民でもそうです。行っても最後は帰ってくるんだという意識を持ちつづける。良く言えば、故郷を愛する愛国精神が強いとも言えるけども、何か出稼ぎ者のように帰ってくるという性質がアメリカの兵隊には強いです。

堤　だから、塩野七生さんは「アメリカはローマ帝国にはなれない」と、そう書いている。

小山　そうですか。そういうわけで、ベトナム戦争が終わった時に、日本は政府といわず、民間人といわず、会社といわず、みんなそこへ行って何か仕事をしようとする。良く言えば進出を図った気持ちはみんなあった。その中で松田竹千代という人は、そうじゃない、アメリカが残した汚い足跡を、きちっと始末してキレイにするのが本当の平和だ、という考えでした。私は血はつながっておりませんけども、松田竹千代を伯父に持ったことに非常な誇りを感じるんです。

堤　なるほど。

国会議員が拠出金を要請にきたとき「松田先生に相談する」と言うと皆逃げ出した

小山　それから、松田竹千代は貧乏人国会議員、カネのない国会議員で有名でした。カネにキレイでした。私がこんにち、小さいけども一事業家としてここまで来られたのは松田竹千代のお蔭が大部分なんです。そのうちの一つは、政治家と付き合いがなかったということです。政治家というのは事業家に対して、カネを寄付してもらう所だと思っているんです。政治家と付き合うと、実に非生産的な話になってしまう。彼らはカネをくれとは言うけども、カネを生産するすべを知らない。事業家がちょっと大きくなると、「県会議員とオレは知り合いだ、国会議員の誰それ先生とオレは友達だ」、そんなことを言って、なんだかんだとカネをふんだくられる。政治家と付き合うようになると非生産的な話ばかりになってカネを取られるだけです。まるでこちらをキャッシュ・ディスペンサー（金銭自動支払い機）みたいに思っている（笑い）。

私が一事業家として、なんとか今日までやってこられたのは、政治家と付き合わなかったからです。河野一郎さんとは別の意味での付き合いがありましたけども。早い話、A国会議員が「小山くん、今度一緒にゴルフに行こうや」と誘う。B国会議員が「小山くん、今度選挙があるんで少し寄付してもらいたい」とくる。まっすぐ言う人もいるけども、何とか言う会を通じて、みんな拠出金を要請してくる。私は必ずその時には「伯父の松田竹千代先生と相談してからご返事します」と言うんです。そうすると、「えっ、松田先生か。松田先生が君の伯父さんか。そりゃ駄目だ。逆にカネを取られる」って（笑い）。

本当です、これは。十人ぐらいの代議士から、いろんな意味でカネを寄付してもらいたいと言われたけど、そのつど「伯父の松田竹千代」の名を出すと、もう二度と来ないんですね。ひどい人になると、その場で「貧乏松田先生だったら、逆にこっちから取られるよ」と捨てぜりふを言って帰った代議士もいます（笑い）。

それほど松田というのは、おカネに非常にきれいな代議士でした。いつもポケットにはおカネがなくて、東京にいたら国会議員の宿舎にいて、大阪の選挙区岸和田へ帰っていくわけですけども、帰っていくのに国会議員は無料パスを持っているわけですから、弁当代だけが要るんだけど、その弁当代もなくて秘書に「おい、ちょっと百円ないか」とか言って、「何するんですか」と言ったら、「ちょっと弁当買う」と、本当におカネのない人でした。

ですから、松田の追放解除後の第一回の選挙のとき資金がなくて困った。本当に松田竹千代先生という人はおカネにキレイなというか、おカネに縁のない先生でした（笑い）。というわけで、普通の伯父・甥よりも非常に関係の深い間柄でした。

堤　妙子さんとはお付き合いありますか。

小山　妙子さんはさっき申し上げたように、松田が大森家から帰って来てから出来た娘が四人いるんですが、それの四番目です。可哀想に上の三人はみんな死んでしまったんです。

堤　三人とも？

小山　三人とも。だから、親としては非常につらい経験だったんじゃないでしょうか。一人だけ残ったのが妙子さんで、たしか松田妙子は私より十歳くらい若いと思います。だから私と同い年が長男で、長女・次女・三女・四女でしょう、その間がちょうど十年です。実は私は松田竹千代から言われたことがあるんです。「おまえ妙子と結婚したらどうか」と。年が十違いますから言われましたけども、妙子というのは頭もいいし、お茶の水を出て普通にすればいいのに、それからまた東京芸大出身でソプラノの歌手になった。頭もいいし、体もいいし。

堤　若くしてアメリカに行っちゃいましたね。

小山　あれも自分で決めて、お父さんと同じ性格です。今言ったお茶の水の友達はたくさんいるし、東京芸大の友達もいっぱいいて、アメリカに行く時には大送別会をやったことを覚えています。父親がチラッとこんなことを言いましたよ。「俺もこの娘が戦後、難しい時にどうやって生活するか、自分自身もこの娘を持て余していたけども、今日晴れて外国へ行ってくれるんで、私は今日から本当に安心して暮らせる」というようなことを言ったのを覚えています（笑い）。普通なら、一人娘なんだから、これと別れるのは悲しいという演説をするのかと思ったら、こんなに嬉しいことはない、明日からはほっと休めるって（笑い）。

堤　彼女はアメリカのテレビ局で、日本人初の女性ディレクターになったんですね。

小山　そういう性質ですから、私に言わせればじゃじゃ馬ですよ。

堤　じゃじゃ馬ですね、本当に。

小山　そして彼女はアメリカの日系二世と結婚した。私は松田に言われたんです。「小山、すまないが、きっと苦労しているから、君がアメリカに行くときには妙子がどういう生活をしているのか寄って見てくれ。ちょっと小遣い銭でも置いてきてやってくれよ」とね。有難い父親ですね。松田竹千代の顔を三つに分けたけれども、国会議員としては本名でなくてはいかんから松田竹千代ですけど、社会事業家の時はたしか松田大作と名乗っていました。

堤　妙子さんも父親の社会事業家の血を引いたフシがありますね。今、生涯学習開発財団とかやっていますね。

小山　そういうところもあります。

堤　職人を集めて、職人集団を作るんだって。

小山　職人集団、大工？

堤　大工さんとか、手に職を持っているいろんな人を糾合して、第二の人生に臨む手助けを画策している。

小山　たしか妙子はプレハブの会社の社長をして、富士製鉄の社宅は全部、妙子のプレハブを採用したんじゃないかな。

堤　そうなんですか。妙子さんはもう一つ、会社を定年退職したとか、そういうリタイアした人を集めて、もう一度再利用しようというか、再生を図る組織を作ろうとしています。ナカナカ偉いですね。

小山　人材会社ですね。

堤　そうです。

小山　とにかく女丈夫というかな、立派ですよ。今、どうしているかな。

堤　元気ですよ。

小山　そうですか。妙子が男だったら、父親の後を継いだでしょう。

堤　結婚してご主人は佐藤さんとおっしゃいましたね。

小山　そう、たしか佐藤さんはアメリカ三世ですよ。

堤　あの方はアメリカ三世ですか。

小山　たしかお父さんは、お寺さんの住職と聞いていました。ところで日本で一番最高の音楽学校は何でしたっけ？

堤　東京芸大の声楽科とか。

小山　そこを妙子は出ているんです。その前に卒業したお茶の水と言えば、ご承知のように昔の女子高等師範学校です。あそこも良い成績で出ているんです。それから、今の芸大の声楽科？　彼女はソプラノで卒業の時の優等生です。私はオペラは大嫌いだけど、あれの優等生です。だから何でも出来るんだな。

堤　オペラ歌手時代の写真を見せてもらったことがあるんです。若いときはエライ美人で、グラマーだし（笑い）。

小山　私は見せてもらったことはないけど。田中真紀子を少しべっぴんさんにしたような女性、そう思えばいい。もっとも田中真紀子さんとは会ったことはないけど……。テレビでしか会っていないけど……。

堤　田中真紀子よりも頭がいい。

小山　妙子が男だったら、お父さんについで立派な政治家になったでしょう。

松田海軍政務次官　天皇陛下に直訴する

堤　松田さんについて言うと、ひところ海軍政務次官でしたね。そのころの話、何か松田さんからお聞きになったことはありますか。

小山　松田が海軍政務次官をしているころの話で、本人からこんなエピソードを聞いたことがあります。「おい、小山、これだけはお前に伝えるから、ぜひ覚えて置いて後世に伝えてくれ」と語ったことがあるんです。それも同じ話を三回も語った。それはどういうことかというと、松田が海軍政務次官をしている時、海軍大臣は米内光政で海軍次官は山本五十六です。アメリカに滞在した経験がある。松田はさっき言ったように十年間のアメリカ生活をした。アメリカ通ばかりが三人集まって、アメリカについては話がよく合う。三人のコンビは非常に仲が良く、誰かが本に書いておりますけども、良識の名コンビだったんです。

松田が政務次官に来た時に、当時の海軍で一番偉いのが軍令部総長の伏見宮で、陸軍で一番偉いのが参謀総長の閑院宮でした。この二人が、日本は絶対にアメリカと戦争になると言っている。宮さん二人が戦争をすると言っている。これは非常に良くないと思っても、米内と山本と松田の三人で、何とかしようと相談するんだが、宮さま二人に抵抗できない。松田はああいう性格だから、ちゃめっけも手伝って、天皇陛下に直訴しようじゃないかと言い出した。

天皇陛下に直接言いに行くにしても、陸軍はやっぱり妨害するぞと。天皇陛下には大臣といえども勝手には直接会いに行けないらしいですね。昔、殿様に直訴文を出したら首を切られるでしょう。あれと同じで、大臣でも勝手に天皇陛下にお会いしに行くとやられるそうです。勝手に天皇陛下にはお会いになれなかったそうです。おまけに内奏の概要、趣きをあらかじめ内大臣に伝えなければならない。

それで、どうしたものかとなった。山本五十六が機転を利かして、アイディアを出した。天皇陛下は相撲がお好きだから、相撲の話をしに行くと言って行ったらどうだろうかと。そして山本はこう言ったそうです。小学生の横綱とプロの横綱が相撲を取れば、勝負は明らかだ。しかし小学生の横綱が一度だけ勝つ方法がある。プロの横綱が小便壺の前で小便をしているときに、小学生の横綱が後ろからポンと押せば横綱は小便壺に落ちる。昔はよく肥溜めというのがあったじゃないですか。そこに後ろからプロの横綱をポンと押して落とせばいい。しかし横綱が這い上がって来たときに、すかさず「すみません」と謝ればいい。小学生の横綱が勝つにはそれしかない、と山本は言ったんです。

もちろん小学生の横綱は日本で、プロの横綱はアメリカのことを言っている。それを山本が、陛下の前でオレが申し上げる、責任は三人でとるということで、三人で御前に出かけて行ったんです。

堤 横綱が許してくれればいいですがね（笑い）。山本は実際にそれを話した？

小山 ハイ、実際に山本が代表して天皇陛下に申し上げた。横綱が這い上がったときに「すみませんでした」と謝れば、それで勝負は終わり。勝ったことは勝ったことになる。やるならこれでやるしかないですよと言ったそうです。ところが松田の話によれば、どうも天皇陛下がお分かりになったような顔をされなかったと言うんです。

今の天皇でもそうだけども、前の昭和天皇でもわれわれのしゃべる言葉がよく分からない。宮中言葉といって皇后陛下とか侍従とか、みんな宮中言葉を勉強しないといけない。

逆に、われわれのしゃべっていることはあまりお分かりにならない。よく分かるようになったのは、戦後テレビが普及して、天皇陛下も皇后陛下もテレビをご覧になるようになってから、われわれ下々の言葉がよく分かるようになったらしいです。

ところが、山本五十六という人はゆっくりした性格の人だけど、話すときにはペラペラと早口だったらしい。山本五十六は新潟の出身で、新潟なまりも出たかもしれない。早口のところへもってきて、あまりキレイでない言葉、われわれ下々の言葉が入ったもんだから、天皇陛下はどうもよくお分かりにならなかった。

堤 天皇さんがよく分からなかったというのは、大いにあり得ますね。下々が使っている言葉は分からない。まして小便壺だの肥溜めだの、何のことか分からなかったでしょうね。ウロ覚えですが、たしか宮中用語で小便というのは「おつう」で、大のほうは「おぷう」とか言うんだと、何かの本で読んだことがあります。ですから小便壺にしても肥溜めにしても、これは分からなかったでしょうね。

小山　それで、昭和天皇というのは、私はお会いしたことはないけども、性格的に非常におとなしい方らしいね。やんちゃじゃないんですね、子供の時から。だから、大臣が来たり、軍人が来て上奏するときに、問い返すというようなことはなされない。「あ、そう」って言うだけで。

堤　肥溜めとは何デアルカ、なんて訊く場面は想像できません。

小山　松田竹千代は心配になって、帰る時に侍従に聞いたそうです。「天皇陛下はお分かりになっただろうか」と言ったら、「多分お分かりになってないだろう」と。分かったのは立ち会った内大臣の木戸幸一で、すぐにそれが東条英機に報告されたんです。東条英機というのは、ご承知のように陸軍士官学校を卒業してから大将・総理大臣になるまで、彼の軍歴は憲兵です。憲兵というのはいわゆる警察の刑事です。だから、人を見て非常に疑う性質が強い。

堤　長年かけて情報網を張っていた。それが彼の権力の源泉でもあったんですよ。

小山　誰が天皇陛下に会いに行って、どういう話をしたかは木戸を通じてすぐに分かるようになっている。木戸というのは、早く言えば東条英機のスパイだったんじゃないでしょうか。立ち会った木戸は、会話の意味するところが全部分かったわけです。要するにアメリカと戦争してはいけない、戦争すれば負ける、一度だけ勝つ方法がある……その三つを木戸が東条英機に報告したんです。東条というのは憲兵出身ですから、陰険な性格の持ち主です。

さっそく、東条は申し入れた。陸軍として海軍の三人に会いたいと。東条は陸軍大臣と陸軍次官の二人を陪席させ、こっちは例の三人です。

「君らは天皇陛下にアメリカと戦争してはいけない。戦争したら必ず百二十パーセント負ける。一回だけアメリカに勝つ方法がある。この三つの話をしたそうじゃないか」

「ハイ、しました」

「その最後の、一回だけアメリカに勝つ方法というのは間違いないか」

「間違いない」

「だれがそれを言ったんだ」

「オレが言った」

と山本が答えると、

「じゃ、山本、お前が責任を持ってそれをやってくれ」

ということになった（笑い）。

堤　売り言葉に買い言葉みたいな話ですね。

小山　まったくです。その時、米内と松田が口を挟んだ。「山本、お前、それだけでは話が違うじゃないか」と。横綱が小便壺から這い上がってきたときに、すかさず謝るという話じゃなかったのかと。そうだ、そうだったと、三人が口を揃えて「これは条件付きだ」と言ったんです。

つまり、真珠湾攻撃で一度は奇襲作戦で叩く。しかし、叩いて必ず一年以内に和平を結んでくれ、それを条件にするなら奇襲作戦をやる。そして一度は勝ってみせる。それなら山本、お前がやれということになって、その場で山本は海軍次官から連合艦隊司令長官になることが決まったんだそうです。その場がハワイ奇襲作戦のスタートです。

松田竹千代も東条英機に追いつめられる

小山　ハワイ攻撃というのは二年前にちゃんと決まったんです。その二年間、秘密裏にずっと準備をしていたので、その時にもう決まったんですね。

だけども、何回も言うように条件付き。山本五十六におまえどうして東条英機に言わないんだって。今度は三人が一緒に「条件付きだ」と言った。「どういう条件付きだ」「謝ってくれ、講和条約を必ず結んでくれ」「約束する」と。

何でその時にテープレコーダーか、一筆書いてもらわなかったのかって、私は松田に言ったんだけど、「わしらはそんなことはしない。武士の一言で一筆書いてくれなんて。おまえみたいに借用書を書いてくれというようなことは言わない」と松田は言いましたけど、私は書いてもらうべきだと思った。

だから「松田先生、あなたが生きている時に、あなたの生の声で、テープレコーダーでこれを吹き込んでくれ」と言ったんだけど、彼は最後まで言わなかった。なぜ言わなかったか、やらなかったかと、今私が思うのに、やっぱり天皇陛下に直訴した。天皇陛下に直訴するというのは、戦争前はもちろん不敬罪になって、憲兵とか、警察の公安が、天皇に……。現実に考えられなかったでしょう。

今はそんなことないけど、皇居前を電車が通るときにみんな立ち上がって、宮城のほうにお辞儀したんです。

それをしないのを見つけたら、憲兵がすぐに来て、引っ張っていって最後は獄中病死となる。それぐらい天皇ということに対する不敬罪は厳しいものだった。松田竹千代はやっぱり持っていたのでしょうね。

だから、私が何回も何回も、このような大切なことは先生自身の声で吹き込んでください。私がテープレコーダーを持ってきますからって言ったけれど、その時に確認書をどうして取らなかったか。「おまえ借用書を書くようなことを言うな、武士の一言でそんなことは取らない」と、松田先生は声を大きくして言われた。

堤　山本五十六もサムライだから、一筆書けとは言えなかったでしょうな（笑い）。

小山　だけども、三人ともそう言ったそうです。条件付きハワイ攻撃だなとね。

堤　そのとき東条の役職は何だったんですか？

小山　私はその時のポジションはよく知りませんけども、一つ言えることは、東条英機は陸軍士官学校を卒業して、ある人間は騎兵になる、ある人間は歩兵になる、ある人間は砲兵になる、ある人間は輜重兵《しちょうへい》になる、ある人間は主計兵になるという具合に、お医者さんが耳鼻科、産婦人科、内科、外科という具合に分かれるように、卒業するときには一緒に出るんだけども、卒業と同時にそれぞれ専門家になっていくんです。東条英機は憲兵です。

憲兵というのは、本当に職能を通じて性格まで変わるんです。非常に疑い深い。相手を疑う。だから彼は、陸軍大臣になる、あるいは総理大臣になる、そういう高位高官に就く前から、自分が目を付けたやつにはずっと探偵を付けるわけです。

その一つの例が吉田茂です。吉田茂は外交官だったわけですけども、彼がイギリス大使をやって帰ってきてから、ずっと東条英機のやっぱり的になっていたらしいです。

堤　吉田さんは三国同盟に、出先の大使の中でただ一人、正面切って反対した。それで首を切られて日本に呼び戻された。

小山　それをずっとやっぱり付けて。どう付けたか、まず運転手は東条英機のスパイ。それから女中さん。今はお手伝いさん、当時の吉田のうちに入っている女中さん、これもみな東条英機のスパイだった。

非常にこの東条英機という人は総理になる前から、彼は憲兵という職業から、的を付けた、つまり早く言えば、今お話の出た三国同盟に反対する者、日本の陸軍に反対する者、日本の天皇陛下に反対する者、そういう者の周りにずっと何十人ってスパイを使っていたんです。

堤　吉田茂は終戦も末期、近衛文麿などと組んで終戦工作をやりますよね。この反戦グループを、東条は「ヨハンセン・グループ」と呼んで、尾行、盗聴、その他いろいろやったわけです。住み込みの書生に化けて吉田茂を探っていた憲兵が、戦後、吉田に詫びを入れに行く。「まあ、君も任務でやったことだから」と吉田は鷹揚で、就職口まで世話してやったといいます。

大体、東条は昭和十六年に真珠湾攻撃で開戦するでしょう。前々月の十月にゾルゲ事件が発覚する。そうすると東条にしてみれば、こいつもスパイじゃないか、あいつもスパイじゃないかと、みんなスパイに見えてくる。例えば、朝日新聞記者の中野正剛。あれは東条に追いつめられて結局自決するでしょう、自分の家で。

小山　松田竹千代もやられたんですよ。

堤　やられたんですか?

小山　ええ、東条英機に。もうちょっとで憲兵に捕まえられるところだったんです。それはやっぱり彼は反戦の思想を持っている。反戦というよりも、彼はアメリカを知っているからアメリカとやると駄目だということをどこかで、チラッと洩らしたのをやられたのでしょう。

この本「松田竹千代の生涯」にも書いてありますけども、松田竹千代と米内と山本がいかに名コンビであったかということが書いてあるんですけども、良識の名コンビ。それの中に、山本が、戦力はアメリカと日本が二対五。それから生産力がなんぼって書いてあるでしょう。

堤　いや、あのころ日米の生産力は一対二十ですよ。

小山　いや、山本の話です。

第二章——私と戦艦「武蔵」ガンルーム時代

商船学校出身の小山少尉は副砲長付士官だった

堤　ところで小山さんが戦艦「武蔵」の砲術将校だったとは、知りませんでした。「武蔵」は戦艦「大和」の二番艦として造られた。ともに世界最大の軍艦で、全長二百六十三メートル、幅三十九メートル、排水量六万四千トン、九門の主砲は射程四万メートルに達する。まさに大艦巨砲主義の粋で、「大和」「武蔵」の乗員に選ばれることは、海軍軍人の名誉と目されましたよね。ともに「不沈艦」とされたが、「武蔵」は「大和」に先駆け、終戦の前年十月、レイテ沖海戦で撃沈された。「大和」もまた半年後、沖縄へ「特攻攻撃」に向かう途上に沈んだ。いったいどうやって生き延びたんです?

小山　これが「武蔵」で撮った写真です。これが「武蔵」かどうかは分からないの、それは本人が分かっているだけで。

海軍というのは、軍艦が一つの家、家庭で言えばお父さんが艦長で、お母さんが副艦長で、あとずっと子供がおり、そのまた孫がおりという具合に。これは少尉、中尉ばかりが。

堤　どれですか？　小山少尉は。

小山　これが小山少尉、美少年でしょ（笑い）。（口絵参照）

堤　なるほど、美青年だ（笑い）。

小山　一つの軍艦の少尉・中尉クラスが集まった所（談話室）を、ガンルームと言うんです。ガンというのは大砲のガンで、この写真は「武蔵」のガンルームの面々です。少尉・中尉のグループをガンルーム、日本語で士官次室。

士官室というのは大尉以上がいる部屋です。それをサロンと呼んだ、何しろ海軍はすべて英国式なんです。この応接間をサロンと言うじゃないですか。サロンと言うと大尉以上のことを言うんです。大尉・少佐・中佐・大佐以上をサロンと言うんです。それから、少尉・中尉のことをガンルームと言うんです。

これは私が乗り組んでいた時の、昭和十八年のガンルーム。これは何と書いている？

堤　ケップガンと書いてありますね。

小山　ケップガンというのは、ガンルームのキャプテンという意味です。ケップってキャプテンのケップです。ケップ・オブ・ガンルームということです。

この男がキャプテンで田結少尉です。ほかに中尉もいるんだけど彼が一番偉い。彼のお父さんは当時海軍中将で舞鶴鎮守府司令長官。（武蔵の模型で説明）これを写した場所を言いますよ。私が乗った時にはこういうものはなかったんです。これは飛行機が飛んで来るときに敵機を落とす機関砲です。これを写したこの場所のこの壁はここです。ここで写真を写した。

私はどこにいたかというと、ここにいたんです。副砲長付と言ってここに乗っていたんです。砲術長というのはここに乗っているんです。この大きな大砲を撃つのが砲術長。副砲長は副砲術長という意味です。それはここに乗っているんです。それに付いている若い士官が小山少尉だった。副砲長付と言った。

少尉・中尉はここで集まって記念写真。これは十八年に撮った写真です。場所はここで（右舷）撮りました。

堤　出撃はたしか十九年の何月でしたか。

小山　出撃の時にはもういなかった、叱られて。

堤　叱られて？（笑い）

小山　叱られて降ろされちゃったんです。その原因はこれです。この飛行機はカタパルトで飛び出す水上飛行機で、これでもってぴゅっと飛び出すんです。そしてこれをしまい込むときは、艦に引き上げるときに起重機で吊り上げて収納する。滑走しないんです。

げた履きといって水上飛行機ですから、このクレーンで吊り上げる。吊り上げてここへこうやってしまい込むんです。

堤　艦載機は、「武蔵」の左舷後部から収納するそうですが、これはなぜですか。

小山　「武蔵」に乗っている艦載機は観測機で、俗に言うげた履きの水上飛行機です。発艦するときはカタパルトでパーッと飛び出します。収納するときは海上に着水して「武蔵」の左後尾に接近し、それをクレーンで収納するわけです。なぜ左後尾からでないといけないかと言いますと、艦載機のプロペラは時計とは逆の左回りです。収納のさいはもちろんエンジンを切っているわけですが、扇風機でもスイッチを切るとしばらく回っていますよね、あれと同じで艦載機もエンジンを切っても、しばらくの間左回りしているわけです。それも少しエナーシャー（勢い）がついて左回りする、機も洋上で左へ左へと流れるんです。

もしプロペラが時計回り同様に右へ右へと回っていたら、プロペラ（主翼）や機体が船体に当たってしまうのです。だから左後尾から収納する。

軍艦のプロペラは右回りです。停止すると右へ右へと流れる。左に回して後進して左へ左へと流れる。あとずさりしてまっすぐになる。艦は「お尻は左に、頭は右へ」です。艦載機はプロペラが左回転ですから、収納の時は左へ左へと流れるのを利用して、左舷後尾から収納するわけです。

堤　これは何機ぐらい持っていたんですか。

小山　四機あった。つまり、四人のパイロットがサロンにいた。普通には六機と書いてありますけど、私が乗っていた時は四機あった。この飛行機は必ずここから引き揚げるんです。

堤　左舷後尾からですね。

小山　艦尾の左舷後尾からクレーンで吊り上げて納入するんです。私が乗っていた頃は、対空機関砲はなかった。

堤　最初からなかった？

小山　なかったんです。だから負けたんです。対空防備が不充分だった。

堤　ここに立っていたら、どうかしましたか。

小山　ここに軍艦旗があるでしょう。日没時、太陽と一緒にこれを下ろすんです。偶然ですけど、田結少尉と一緒に立ってたんです。二人並んで軍艦旗を下ろすのを見ていたら、後ろから艦長が肩を叩いて、「田結少尉、小山少尉、どうして艦載機（水上観測機）をここ（後尾左舷）から上げるのか。宿題を出すから、明日の昼までに書いて艦長室に持ってきなさい」と。

それには意味がいくつもあるんです。というのは、田結少尉は海軍兵学校首席卒業なんです。私は高等商船学校首席卒業なんです。だからいつも東京・神戸の高等商船学校卒業生と、海軍兵学校の同期生とは比べられるんです。

堤　比べられ方と言いますと？

小山　例えば、艦隊の操縦競技大会でも、海軍兵学校の卒業生でないと一番にならないのです。商船卒は二番にしかならないのです。

堤 なるほど。

小山 つまり、会社でも東大を出たやつと、そうでないやつに差を付けるのと同じです（笑い）。これは本当です。それで翌日、私は仕様がないからいつもの通りやっている、左舷後尾からやっていると、便箋一枚で回答したんです。そうしたら田結少尉は、艦長室へ行ったら、宿題の回答をこんなに、百頁ぐらいの書類で持ってきたんです。

それを見ただけで、艦長と副艦長の顔と、前の指導官というのは高松宮が指導官なんですが、その時は高松宮ではないほかの指導官が来たんですけども、三人がもうありありと私を軽蔑の眼で見ているのがよく分かった。

片一方はこんなに一杯書類を持ってきているのに、私は便箋一枚持ってきて、いつもの通りやっていると書いて、片一方の田結少尉は流体力学から機体力学から、飛行機のプロペラの回転数から波の立ち具合とか、あとで見せてもらったんだけど、いろんな角度から答えを書いてあった。私は便箋一枚（しかし、中身は正解簡潔）。

そうしたら、艦長が「小山少尉、これだけか」と言うから「はい、そうです」。「田結少尉は？」と言ったら、どさっと。「そうか、分かった」と。そして、副艦長が艦長と話をして、指導官三人が話をして、「やっぱり商船学校出は駄目だね」というようなことを言われたので、私はカッとして、自分の答えが良くないから黙っていればよかったのだけれども、しかし、もしその時に黙っていたら死ぬまでこの「武蔵」に乗せられていたでしょう。田結少尉は撃沈まで乗り組み、戦死したのです。この写真に載っていたほとんどは「武蔵」が沈没したときに、死んだでしょう。田結少尉、海軍兵学校卒業。小山少尉、高等商船学校卒業。

そして回答の書類の大きさを見て、高等商船学校出の少尉はやっぱり駄目だねと言われたので、私もカッと来たものだから、「一言申し上げたいことがあります」と言った。「何か」と言われて、「本艦の艦載観測機は無用の長物であります」と言った。そうしたら指導官が「何っ！」と言って顔色を変えた。

そうしたら艦長があとを引き取るように、「小山少尉、田結少尉、退室してよろしい」と言ったので帰ってきたのだけれども、翌朝、「小山少尉、転勤を命ず」と。どこへ転勤したかといったら、タラワ、マキン島といって、南洋群島の東のギルバート群島というところがあって、そこの所属である砲艦に乗組を命ぜられた。

堤　タワラといえば玉砕の島ですよね。

小山　日本の玉砕第一号の島です。ハワイに近い所です。そこへ行けという転勤命令をされた。つまり、昔で言えば「切腹を命ず」ですね。だけど切腹を命ずる代わりに、最前線のタラワに行ってお前は死ねということでしょう。

いざ戦争となったらまっ先に観測機が撃ち落とされる

堤　無用の長物というのは、艦載観測機を指して無用の長物とおっしゃったわけですね。理由は何です？

小山　それは、「武蔵」の大きな主砲が弾を打った時にドンと飛んで、落ちるところが目に見えないのです。地球は丸いものですから、地球の向こう側に弾が落ちるわけですから、当たったか当たらなかったか分からないわけです。

堤　射程は四十キロぐらいでしたね。

小山　六十キロです。六十キロとしても相当余裕があると思うんです。百キロ近いものだと思うんです。

堤　そうすると見えませんよね。

小山　遥か地球の向こう側ですから、着弾が見えない。当たったか当たらなかったか分からないわけです。そのために二機の観測機が真ん中を飛んでいて、仮に三十キロと三十キロの地点に飛んでいて、落ちた所を見ていて、もう少し右へ打ちなさい、もう少し手前に打ちなさいと、第二の観測機に連絡して、第二の機が艦の一番高い所の砲術長の所へ報《しら》せるわけです。それでもうちょっと右へ、もうちょっと左へ、もうちょっと奥へ、もうちょっと手前というのを飛行機が観測するのです。

観測機というのは弾着観測機と言って、そういう任務を持った飛行機なのです。ですから、無敵海軍「大和」「武蔵」の巨砲は百発百中と言われたのです。本当に百発百中です。ところがそれは私に言わせれば、演習訓練の時だけです。本当に戦闘になったら、アメリカ機が飛んできて、水上飛行機ですからすぐ打ち落とされてしまう。そうしたら、この巨砲は盲撃です。それで「武蔵」は沈んだのです。

だから私は無用の長物だと言ったのです。艦長、副艦長、指導官たちは分かっているのです。みんな頭がいいから分かっているのです。「何っ」と言って怒ったけれども、小山少尉の言っていることが本当は正しいのだけれども、帝国海軍を侮辱したことに間違いないから、その場はそれで終わったのです。今でも私は私の言ったことは正しいと思っています。

堤　艦載観測機が無用の長物であるとおっしゃったわけですね。

小山　そうです。

堤　「武蔵」そのものを無用の長物だとはおっしゃらなかったのですか。

小山　「武蔵」がとは言わなかったけれども、イコール、無用の長物となるでしょうと。

堤　「武蔵」の中で将校が、「武蔵」は無用の長物だと言ったという話をどこかで読んだか聞いたかしました。戦艦「大和」においても同じような意見を述べる将校が出ていますね。「武蔵」の中で、そういう話をじかにお聞きになったことはありますか。

小山　ありません。それは私が日ごろから飛行機を出し入れしていて、四機載っていました。その四機に一人ずつパイロットがいるわけです。

パイロットはみんな少佐でした。私はその三番下の少尉です。海軍は士官名簿と言って、上は海軍大将から下は一少尉まで席次がずっと付いているのです。飯を食う時も席次の順序で、ガンルームでは田結少尉というのが一番偉いので、昼飯の時に田結少尉が箸を取って一口食べたら、あとみんなも食べたのです。田結少尉が飯を食うまでは、私らは飯を食わないでじっと待つのです。

これは英国の海軍のやり方をまねしているのです。風呂に入るのも田結少尉が最初に入る。同じ少尉ですよ。だけど田結のほうが席次が上ですから、田結が風呂に入って、私らはずっとあとから入るのです。何かの用事があってどうしても田結よりも早く風呂に入らなければいけない時は、わざわざ広い艦内を田結少尉を捜さなければいけないのです。礼儀正しいというか軍律厳しいというか、非常に位階勲等の差に激しいものです。

堤　小山さんもだいぶ精神棒をくらいましたか。

小山　精神棒を食らうのは水兵さんで私ら将校は海軍兵学校で別の方法で訓練をうけシゴかれた。私らは英国式でいえば、華族出身で貴族の扱いですから。日本の海軍というものは、英国を全くまねしたのです。日本の陸軍というのはフランスを全くまねしたのです。

堤　ドイツではなくて？

小山　ええ、ドイツではなくてフランスそのものです。号令から何から全部フランス式。例えば鉄砲で、フランスは鉄砲を狙って「撃て」と言って撃つ。ところが日本の海軍は「撃て」と言わないのです。「撃ち方始め」と言うのです。英語でそう書いてあるから「撃ち方

やり方です。

今でも陸上自衛隊は、ほとんどフランスのやり方です。海上自衛隊はほとんどイギリスの始め」と言うのです。これが日本の海軍の「撃て」ということです。

堤　たしか秋山好古（真之の兄で陸士三期）はフランスに留学しましたよね。

小山　そうそう。そこで日本の陸軍はフランス、日本の海軍はイギリスをお手本にしたのだけれども、もっとすごいお手本はイギリスの海軍は将校と言って士官、オフィサー、それは貴族出身でないとなれないのです。だからイギリスの海軍の兵学校の学生は、全部公爵か伯爵か子爵か男爵の子でないと入れないのです。ですから将校といえば貴族なのです。

ところが日本の海軍の兵学校は水呑み百姓の子もいれば、漁師の子もいれば、米屋や魚屋の息子もいれば、大学の先生の子供もいるというわけで華族ではないのです。だからそこがちょっとおかしいので、今あなたがおっしゃった精神棒で叩かれたりするのは、華族はされないのです。殿様の子ですから。

もし、「ある人が日本の海軍に行って、何とか棒でたたかれました」と言うのは、兵隊さんという意味で水兵さんで、将校ではないのです。将校というのはそういう扱いはされない。海軍の兵学校で上級生からいじめられ、高等商船学校で上級生からいじめられるだけです。だから今でもイギリスの海軍の将校は皆、片一方にサー、何々卿が付いているのです。そうでない人はイギリスの海軍の兵学校へ入れないし、将校にはなれないのです。その点はなかなか厳しい。だから数が少ないのです。

タラワ、マキン、そしてクエゼリンでも生き残ったが、他の者はフカに食われていた

堤　タラワ島へ追いやられたというか転勤させられて、あの激戦をどのようにして生き延びたのですか。

小山　アメリカに占領されている島へ行くのはどうしてだろうと思って、行ったら分かったのですが、そこに所属していた砲艦だけが生き残っていて、それに乗れということだった。その砲艦はちょうどアメリカがタラワ、マキンを占領した時に、船ですから出港していなかったのです。この砲艦が生き残っていたのです。それに乗り組めというわけです。私はそれに乗り組んで三日して、それがまたやられてクエゼリン島に行きました。その砲艦に二百五十人乗っていた中で、将校を入れて十人助かって、全く無傷だったのが私一人だけだったのです。何と運の良い男か。

堤　二五〇分の一ですか。

小山　罰のために最前線に行ったはずの小山少尉はどうも生き残ったらしいというので、ごくろうという意味で、辞令は広島の呉鎮守府付に命令が出て、ただちに本国へ帰ってこいという命令でした。みんな病院へ入っている中で私だけが無傷でクエゼリン島から日本へ帰るのに方法がない。

ちょうどクエゼリン島に龍田と言う少佐参謀がいて、この方は伏見宮の息子さんでしたけれども、民間に降下した方で、「おまえはどうも帰国して海軍の兵学校の教官になるらしいが、電報が入ったからとにかく呉まで早く帰れ」というので、私はクエゼリンを数日して発って漁船に乗って、ブラウン島という島へ向かった。「日本の巡洋艦が来るからおまえはそれに乗って本国へ帰れ」というので、「そうですか」と乗ったら、その翌日にクエゼリン島が玉砕でした。全く紙一重のところです。

堤　ちなみにその砲艦が沈められた時は、どういう状況だったのですか。

小山　砲艦の主砲になっている十二サンチ七七二門の大砲を指揮した。私は本来、砲術専門でしたのですが、普通、東京とか神戸の高等商船学校を卒業した者は、ナビゲーターと言って航海専門なのですけれども、私はどうしたことか砲術専門になって、「武蔵」の時にも副砲長付というのになっていました。その砲艦は小さい砲艦ですけれども、私は砲術長になっていたのです。

というのは、まだ面白い話があるのです。クエゼリン島にいて、十人ぐらい怪我して病院に入って、私だけが病院に入らなかったのですけれども、前にもお話しましたが、龍田少佐が、「おまえは兵学校の教官になったらしいからすぐ帰るようにという電報が来た。明日ここから漁船で巡洋艦に。ちょうどトラック島の手前にブラウン島という島があってそこまで仮設巡洋艦が来ているから、おまえはそれに乗れ」というので、私はちょうど朝、巡洋艦に乗りました。

その巡洋艦は、満州からの兵隊を乗せて、兵隊は顔が白くもうお化けみたいに見えましたね。みんな焼けていないから真っ白で、それがみんな軍歌を歌いながらどんどんブラウン島に降りていくのです。そしてクエゼリン群島に行くのですね。しかし、アメリカの航空機が強くてクエゼリンへ巡洋艦で近づけないのです。私が来たように漁船に分散してクエゼリン島に行くのでしょう。私は漁船からその巡洋艦に乗って行ったら、「クエゼリン島より来た小山少尉、ただちに艦長室に来たれ」と言われて、艦長室に行ったら、「今から君が聞くことは機密。昨夜君が出発したクエゼリン島は玉砕した」と。それで私はすぐ「龍田少佐はどうしましたか」と聞いたら「名誉の戦死」と。だから宮様として死んだのではないけれども、宮家としての第一号の名誉戦死者は龍田少佐でしたね。伏見宮から龍田家に養子に降下した方でした。

堤　ちょっと話を戻して、その砲艦が撃沈されますね。これは上からですか、それとも潜水艦ですか。

小山　上からでした。それは運が悪くて、砲艦は自分の火薬庫に対潜水艦用爆雷一杯を持っていた。敵の落とした爆弾がそれに当たって、自爆したような格好です。

堤　二百五十人しかいないということはそんなに大きな船ではないわけですね。

小山　小さい船です。それでも十二サンチ七七の大砲（二門）を持っているのです。東郷元帥が乗っていた「三笠」の主砲です。十二サンチ七というのですからこれぐらいです。その大砲を二門持っているだけの砲艦です。

ところが、これがぴっと立たないのです。遠くを撃つやつですから、飛行機を射つ高射砲みたいに上を向かないのです。だから飛行機が大砲の迎角範囲まで入ったらアウト、やられてしまった。二百五十人乗りだったけれども、多分二百人ぐらいはフカに食われたでしょう。哨戒艇のようなのがすぐやって来て助けてくれた時に一、二、三と引き揚げると、体半分がチョン切れている。フカがパクッと食っていくのです。あの太平洋のクエゼリンのほうは、飢えたフカがいっぱいいるのです。

堤　自爆みたいになったとき、小山さんは飛び込んだのですか、それとも吹っ飛ばされたのですか。

小山　もちろん全員吹き飛ばされて、私は気が付いた時には海の中で、もがいて上へ上がっていったらほとんど皆、傷ついていましたね。だから血の臭いでフカがやって来る。私は無傷だから食われなかった。それ以来フカは恩人だから、中華料理のフカヒレは食わないです（笑い）。みんなうまいと言うけど、恩人を食べたら申し訳ないから。それは冗談としても……。

堤　二百人ぐらいがフカに食われてしまった？

小山　恐らくそうでしょうね。弾に当たって死んだのではなくて、自分の火薬庫が爆発したのですから、みんな吹き飛ばされてものに当たって死んだ人もいたでしょうけれども、吹き飛ばされて海の中に投げ出された人がほとんどですから、二百人ぐらいはフカの餌食になったでしょうね。私は運が良かったのです。泳いでいて哨戒艇に助けられるまでフカに食われなかったので、だから恩人のフカのヒレは食わない。

堤　例えば駆逐艦とか巡洋艦から派遣されて来るわけですか。

小山　幸い爆沈された場所がクエゼリン島の近くでしたから……。クエゼリンの島にいる小さい哨戒艇のような艦です。クエゼリンという島は、日本海軍の太平洋最大の潜水艦基地です。イ号、ロ号、あらゆる潜水艦の総基地がクエゼリン島だったのです。だから病院の設備とか宿泊設備とか潜水艦を修理する設備とかというのは秘密になっておりましたけれども、太平洋の中のクエゼリンというのが日本の海軍の最大の潜水艦基地でしたから、ものすごく休養施設がありました（当時、聯合艦隊の基地はトラック島）。

堤　そのクエゼリン玉砕を、ブラウン島で聞いたわけですね。

三たび〝ゴウ沈〟を喰ったが当時、遭難手当が一回百円出た

小山　日本に帰る予定で私の乗った仮設巡洋艦は日本に帰れなくなり、新しい任務についたので、ブラウン島から日本に行かないで聯合艦隊のいるトラック島にまた舞い戻ったのです。私の「武蔵」の同僚は、私がなぜタラワ、マキンに転勤を命ぜられたかを知りません。知っ

ているのは「武蔵」艦長と東京の人事局だけです。つまり、日本の海軍を侮辱したということで飛ばされたというのを同僚は知りませんから、「おお、小山、また帰ってきたか」と言って、みんなでえらいご馳走をしてくれて、そして変な話だけれども、遭難手当というのがあって、当時のお金にして百円以上の現金をくれて……。

堤　当時の金で百円といえば、かなり大きいですね。

小山　遭難手当という非常にすごい金です。この金でいわゆる「仕度金」、帽子、夏冬服、衣類一切、刀、短剣、くつまで揃えた。そしたらまた東京から、おまえは何をぼやぼやしているんだというのでしょうね。ただちに呉に出頭せよという意味でしょうね、「ただちに小山少尉を呉鎮守府によこせ」という電報がまた来て、一日でみんなから歓迎会と送別会をやってもらって、「横須賀へ帰る駆逐艦があるから、おまえはそれに至急乗って本国へ帰ってこい」という命令が出たのです。それに便乗して、臨時に乗って帰ってこいと。そして帰る途中にやられて全員戦死。お客さんとして乗っていた小山少尉だけ助かるのです。このときもほとんどフカにやられたんです。

堤　このときは上から下から、どちらですか。

小山　今度はアメリカの潜水艦です。潜水艦をやっつける駆逐艦が、逆にやられて全員戦死でした。私は便乗して、お客さんで部屋へ泊めてもらっていたのですが、ドカンとやられたけれども、自分の艦ではないから、何が何だか分からない。艦が傾いてくるし、だんだん海水が上がってくるので、這いずるようにして上へ上がっていったけれども、誰もいないのです。

そのとき気が付いたけれども、駆逐艦は潜水艦にやられると、駆逐艦以下小さい艦は部屋の天井が低いですから衝撃で吹っ飛ばされて、頭や首を天井や壁に打ちつける。軍艦というのは天井も壁も床も全部鉄板ですから、木造というものはない。頭を天井に叩きつけられるのです。私はお客さんで寝ていたから、そうならなかったらしいのですけれども。

堤　寝そべっていて助かった？

小山　大きな戦艦、巡洋艦、航空母艦クラスは天井がまあまああるが、駆逐艦以下は天井が低い。ですから、バーンとやるとたたき上げられるというか、天井で頭を打って死ぬのです。天井が低いですから。

私は這い上がって一番高い所まで来たのですけれども、みんないないのです。しようがないから私は海の中へ入って、それで朝まで、また別の駆逐艦がやってきて助けられたのです。それでまた手当を百円もらうわけです（笑い）。

堤　今度はどこでもらったのですか。

小山　どこへ連れていかれたかというと、サイパンの南にロットという島があって、要するにサイパンに私は上げられた。私は重要人物になっていたのです。またサイパンから飛行艇が出ておりまして、横須賀と金沢八景の所に追浜水上基地があって、そこまで飛行艇で送ってくれたのです。

堤　横須賀ですか。

小山　追浜に最終的に降ろされたら、そこにちゃんとお迎えが来ていた。どうしてかといったら、トラック島にいた聯合艦隊の「武蔵」からタラワ、マキンへ行って、タラワ、マキンから今度はクエゼリンに行って、クエゼリンから今度はブラウン島へ行って、それからトラック島へまた帰って、トラック島からサイパンへ行って、サイパンから今度は追浜へ行って、そしてまた東京の海軍省に呼ばれるのです。そんな奴は他にはいない。大人物（遭難大人物）だなと思ったんでしょうな。

なにしろお客さんで乗せてもらった駆逐艦が艦長以下、全員戦死してしまったのです。それで一人生き残った。一つの軍艦というのは陸軍で言えば師団か聯隊と一緒で、一つの大きな所轄なのです。

堤　ちなみにその駆逐艦は、乗組員は艦長を入れて全員で何名ですか。

小山　百五十人ぐらいでしょうね。それが全員戦死したものですから。助かった兵隊が二、三人いたらしいけれども、将校が一人もいなかったので、軍艦というのは菊の御紋を付けて、陸軍では師団、旅団、連隊と言うけれども、連隊よりも大きくて師団と同じ扱いだから、軍艦が全員戦死したから戦況報告というか、沈没報告を書くのは将校でなければ駄目だというのです。

それでお客さんで乗っていた小山少尉がいたはずだから、それでお迎えに来たのです。ほかのことで呼ばれたのではなくて、お客さんとして乗ったバスが、運転手以下みんな死んだから、運転手の代わりにおまえが報告をしろというので、駆逐艦の戦況報告にちょっと判を押すだけで、また海軍省の人事局長に呼ばれたのです。それでおまえは戦況報告を書いたら、至急呉鎮守府司令長官の所に行けと。懐には二百円のカネを持っていました。

堤　二度目の百円はどこでもらうのですか。

小山　それは東京でがっちりもらったのです。追浜で降りて、東京に来た時にもらったのです（笑い）。だって、軍人として戦況報告まで書くぐらいだから、遭難報告は当然のことです。

堤　遭難手当というものがあるなんて初めて聞きました。これは兵隊さんもみんなもらえるのですか。

小山　もちろん兵隊ももらえます。水兵、下士官は百円ももらえませんけど。当時、少尉、中尉の月給は百円ぐらいですからね。

堤　ウチの親父は大学を出て、初任給が百二十円かそこらでした。

「海軍兵学校の教官行きはやめだ」と呉鎮守府司令長官に言われる

小山　遭難手当は大体百円と決まっているのです。それで服も買え、剣も買え、帽子も買える。すべて身支度を調えろということです。私は東京駅から二百円をポケットに入れて大船から特急に乗ったのです。私が呉に行く途中に、姫路に親がいるのですが、そこに寄っていこうと思って姫路行きの切符を買って乗ったのです。そうしたら歯が痛くなってどうしようもないから車掌を呼んで、「私は歯が痛い」と言って、その時には中尉になっていたのですが、「シャツだけの汚い格好をしているけれども、私は海軍中尉だ」と言ったら、車掌が「歯が痛いならちゃんと用意致します」と言って、一等の寝台に乗せてくれた。

気が付いたら「大阪、大阪」と言う声が聞こえて、ちょっとカーテンを開けて見たら、下のベッドに陸軍大将が座っていた。一等寝台に大将が乗っていたのです。車掌と話して「殿下はお目覚めになられましたか」と言っているのです。私を殿下にしておいた。そうでないと、車掌は汚い格好をしているのを乗せられないから、殿下とか何とかウソを言ったのでしょう。私がチップをやったものだからチップが利き過ぎたのか。私は一等寝台の下に降りようと思っても、陸軍大将が乗っているし、殿下だと言っているし、困ってしまったのです。そうしたらうまいことに、その陸軍大将が神戸で降りた。助かったなと思ったのです。半袖のシャツと白い半ズボンのみっともない姿です。だから殿下ぐらいに言わないと、一等寝台には乗せてくれなかったのでしょうね。

それで父親の所でゆっくりして行ったのです。呉に着いたら、田結少尉のお父さんが呉鎮守府の司令長官で、海軍中将だったのですが、いや怒られた、怒られた。「おまえはクエゼリンを出て何日かかっているんだ」と。海軍兵学校の教官行きはやめだ、もう遅いと。そんなこと言っても、こっちはあちこちでいろいろあったんですからねえ。

堤　その時点で戦艦「武蔵」は沈んでいましたか。

小山　いや、まだ沈んでいない。

堤　じゃあ、息子さんはまだ生きていると思っていたわけですね。

小山　もちろん。あるいは息子から私の名前を聞いていたかもしれない。私のことは恐らく聞いていたのだろうと思います。そのころ松田竹千代と関係があるとは知らない。知っていれば、海軍政務次官・松田竹千代と関係があるということで、もっと待遇が良かったでしょうね（笑い）。海軍次官の甥っ子だということになっていれば、もっと待遇が良かっただろう、いや逆に悪くなっていたかも知れないと思うけれども、その時には松田は関係ない。

長い間かかって、教官に就く時期を失したと叱られて、私は呉の港の仕事をさせられたのです。そして私はすぐに海軍大臣に「ただちに海上勤務を希望する」と陳情書を書いたのです。海軍省の中でへっぽこの少尉や中尉だったけれども、どうも「小山」と言う名前は、「武蔵」の艦載観測機を無用の長物だと言ったので、海軍省の中でちょっと悪い意味で有名になっていたようです。そういうわけで「海上勤務を希望する」ということで希望したら、今度は「矢風」という駆逐艦兼標的艦に勤務を命ぜられるのです。

以上で私の第二部は終わるわけですけれども、いわゆる「大和」「武蔵」という今でも世界で最優秀の軍艦、戦艦「大和」「武蔵」というものが、なぜ敵にやられて沈没したかというのは非常に簡単で、大砲ばかりを主にしていた巨艦・巨砲主義といいますか、大砲ばかりに頼っていた。

大砲を大きくするということは船を大きくしないといけない。大砲が一発ダーンと出たときには周りは桃色が黄色になります。乗組員全員が一時、クラッと黄色と桃色になって何も見えなくなります。ビリビリ、バリバリバリといって雷が落ちたようになって、何も見えなくなります。だからこれが連発した時はすごいもので、立っていられません。これだけの大きな大砲を備えるということは、艦をよほど大きくしないといけない。巨艦・巨砲主義というやつで、それに頼り過ぎて飛行機の力を軽視したのがやられた原因だと思います。

そういうことが現在なお海上自衛隊でも、まだその考えが残っているのがいけないというのが私の言いたいことなのです。私は自分の経験を自己宣伝するわけではないけれども、飛行機の力をあまりにも軽視している。もちろん第一次世界大戦は巨艦・巨砲主義でよかったのだけれども、第二次世界大戦は、航空機の力をもう味わっているはずなのです。それなのに、今の第三次世界大戦が始まる時代になっても、まだ巨艦・巨砲主義を少し残しているということは、海上自衛隊の中で大砲と軍艦の大きさというものをいまだに誇示している。それをやめてゼロにして大半を飛行機につぎ込むべきだと私は思うのです。

堤　特攻を提唱した大西瀧治郎をご存じでしょう。彼が戦艦「大和」なんてつぶして、飛行機にしてしまえと言った。

小山　戸塚道太郎もそう言いました。だからそのころは航空艦隊という言葉を使ったのです。航空艦隊を優先すべきだと言いました。そう言いながら、今の第三次世界大戦に入る時代になっても、まだ海上自衛隊の予算は大半軍艦です。あれをやめて全部飛行機にすべきです。

堤　「矢風」で終戦を迎えられたわけですか。

小山　いや、「矢風」から今度はだんだん小さい艦になって、これは臨時ですが、八号潜水艦もやり、海防艦艦長で終戦を迎えたのです。

堤　潜水艦の艦長ですか。

小山　潜水艦といっても、八号というのは輸送用の潜水艦です。それはたった臨時に一週間だけであって、それから輸送船を護衛する海防艦で終戦。私は終戦後一年、復員輸送で海外から引き揚げてくる兵隊さんの輸送をやったのです。なぜかというと、弟が零戦パイロットでまだフィリピンの捕虜収容所で生きているのではないかと思って、私はなるべくフィリピン方面に行く船に乗せてもらって、弟を捜してフィリピンの捕虜収容所を五つ回りましたけれども弟はおりませんでした。

堤　戦艦「武蔵」の乗組員と戦後お会いになったことがありますか。

小山　いや、ありませんね。向こうは会ったかもしれませんけれども。私は今はっきり覚えていませんけれども、この軍艦の乗組員というのは、一番偉いのは艦長で、乗組員は五百人ぐらいいるのです。そのほかに第一艦隊司令部要員というのが百人ぐらい乗っているのです。その上に連合艦隊司令部要員というのが百人か二百人ぐらい乗っているのです。

普通の大学を出た者が何で乗っているかというと、暗号部員として乗っているのです。戦争中はすべて暗号でやりますから。相手のアメリカの暗号文書を解読するのと、自分の文書の解読と。暗号部員というのは五、六人います。これは皆、海軍兵学校を出た連中ではない。この中の暗号部員には東大を優秀な成績で出た者もおります。

堤　小山さん、もしずっと「武蔵」に乗っていたとしたら、エライことになっていましたね。

小山　私はあの時に叱られて飛ばされたけれども、もし罰を食らわされないで、転勤せずに田結少尉と一緒に乗っていたら、彼らと一緒に戦死しています。

堤　戦死だったらまだいいですよ。生き残っていたら大変だった。このあいだテレビで、戦艦「武蔵」の生き残り乗組員の証言というのをやっていたんです。ドキュメンタリー映画です。「武蔵」が沈んだあと、生き残った人はフィリピンに連れていかれて隔離されてしまう。五百人ぐらいでしたかね。「武蔵」の轟沈を極秘にするためです。

小山　米軍が隔離したのですか。

堤　いや、日本が。まだ負ける前です。フィリピンに隔離されて粗末な扱いを受ける。食糧もロクに与えられない。やがて半分を日本に送り返す。途中でまたやられる。半分はフィリピンに残るわけです。そこにアメリカ軍がやって来る。それで山奥へ逃げる。他の陸軍も山奥に逃げていますから、そういうのと一緒くたになって、奥へ奥へと逃げるわけです。食い物がないから死体の肉を食う。ついには互いに殺して食う、共食いです。部隊が違うでしょう、見ず知らずの兵隊が現われる。先に撃ったほうが勝ちで、これを殺して食う。地獄絵図ですよ。「人間は狼になれる。われわれは狼になったんです」と証言する人もいました。

小山　餓鬼ですね。いや初めて、お話を聞きます。

堤　餓鬼道です。殺して人肉を食ったという話を「武蔵」の生き残りの乗組員が言っていました。だから小山さんも、一つ間違ったら、食われていたかもしれない。

小山　いや、食われていただろうねえ。私なんか食ったって不味《まず》いけれども。

堤　場合によってはフカより人間のほうが怖い。

小山　いや本当に。お前は艦載機そのものが無用の長物だと言って日本海軍、日本の「武蔵」を侮辱したというので、飛ばされたけれども、私はあの一言で飛ばされて運が良かったと思う。今の話を聞くと、さらに運が良かったと思いますね。

堤　せっかく生き残ったのに、人間さまに食われたんじゃたまらない。

小山　人間の肉って本当にうまいんだそうですね。ヨーロッパ人でもそうだけれども、ローマの大軍もそうだけれども、人間というのは飢えてきたら何でも食うんだってね。

話が変だけれども、私が二百円をポケットに入れて姫路の親の所に行った時に、こんな世の中にこんな大金を持ってどうしようかと思った。姫路は陸軍の兵隊さんがいっぱいいる所なのです。第十師団がある所で、私が乗っていた船は沈んでしまって軍服も何もないですから、親の所に残っていた中学の時のズボンとシャツを着て、犬を連れて散歩していたら、陸軍さんが道端で訓練しているわけです。犬が訓練の所に行ったりして、兵隊さんが「かわいい犬だね」なんて言って、小隊長が休憩の時に私の犬を可愛がって、犬が離れない。そこに少尉さんがいて、その少尉が「君、こんな戦争中に、いい体をしているお前のような者は不忠者だ。どこかの工場で働きなさい。犬を連れて散歩している場合じゃないだろう」と言う。「分かりました」と言うと、「今度の日曜日に僕の所へ来なさい。少しは軍人精神を吹き込んでやる」と言うから、「どうもありがとう」と言った。

それで二日後に、姫路城の下に十師団があって、そこの連隊を訪ねていった。そしたら少尉がやってきて、「どなたでしょうか」と言うから、「二、三日前、あなたにお会いして、あなたが来いと言うから来ました」と言ったら、私が中尉の軍服を着ているから分からないのです。それが白い海軍中尉の夏服でした。向こうは少尉ですからびっくり仰天して、「中尉殿でありますかッ」と直立不動になった（笑い）。何とも変な恰好になった（心で百戦錬磨の生き残りだよとささやいた）。

堤　人の運命って分からないものですね。

小山　第一回がクエゼリンでしょう。第二回がサイパンの沖でやられて。もう一回あるんです。これは撃沈ではありませんでしたが、艦の半分が沈んだ激戦でした。それは米軍が釜石の製鉄所を艦砲射撃するだけでなくて、機動部隊が来たでしょう。あの機動部隊の飛行機が函館へ来たのです。

その時に私が乗っていた海防艦が函館にいたのです。私は湯の川温泉に休暇に行っていたのです。えらいことになったというわけで湯の川温泉から帰ってきたら、すでに五人ぐらい兵隊が死んでいた。港内にいる外に出ると危ないから港の中にいたほうがいいというのですが、港の中にいたら港内にいる船に迷惑が掛かるというので、函館港の外へと出て戦ったんです。結局、下士官、兵ふくめて十六人死にました。

昭和二十年、先任将校のときマリクソ連大使を日本海洋上で移乗計画

小山　私は先任将校と言いまして、小さい駆逐艦とか海防艦とかは副艦長がいないのです。二番目に偉いのが先任将校と言いまして将校の中で一番偉い。先任将校の私は函館の区役所へ行って棺桶をもらってきて、棺桶にみんな入れてやろうと思ったのだけれども、函館の棺桶は座棺なのです。座った格好をして入る。ミカン箱みたいなんです。ところが死後硬直で筋肉が曲がらない。しようがないから毛布にくるんで函館病院という所へ運んだ。

函館病院も、市民がたくさん負傷してごったがえしていたが、「すまないが、座棺に入れるために兵隊の脚を切ってくれ」と医者に言ったのだけれども、女の医者でしたが怖がってやらない。結局、十六人を毛布にくるんで病院に頼んで置いてきた。そして夜中の二時か三

時ごろに、必ず米軍機がまたやってくると。だから私は指令を出した。みんな死体を見たら手足を曲げろとね。そして、函館にいたのでは迷惑が掛かるからというので、青森と秋田の津軽海峡の沖のあたりに出て行った。

何のために出て行ったかというと、ソ連が日本に宣戦布告をして参戦した。東京にいるソ連大使が帰国する。ついては秋田港でこれを出迎え、乗船してもらい、護衛せよという命令を受け取っていたんです。当時、秋田港は土崎港と言ってました。土崎港までソ連の大使が東京から来て、そこからウラジオストックに行って、シベリア鉄道で本国に帰るというので、それを護衛しろという命令が海軍大臣から来た。

そこで日本にはまだこんなに優秀な軍艦と、こんなに優秀な海軍がまだいるぞというのを見せなければいけないというので、軍艦の色を客船のように真っ白に塗って、乗組員には真新しい軍服が支給されたんです。軍艦は通常、灰色と黒の混ざったようなくすぶった色を塗っていますけれども、これを真っ白に塗って、こんなに優秀な軍艦があるんだと見せつけるわけです。

ウラジオストックと土崎港を結んだ一本線の真ん中の所で、大使をソ連の軍艦に引き渡すというんですが、秘密命令が入った。向こうの軍艦に大使の移乗が終わった瞬間に、これを撃沈せよという命令です。大砲の弾も不発弾にならないように全部、新しいやつに取り替えて、それもただ表で破裂したのでは沈まないから、ソ連の軍艦を突き抜けて中で爆発するような弾に入れ替えろ、青森の大湊という港でその作業をしろ、大砲の弾も入れ替え、色も塗り変えて秋田港に行けと、ソ連が参戦した時に秘密命令が来たのです。

堤　第二の日本海海戦だね。

小山　そんなこともあったんです。結局これはやらなかった。函館から出て津軽海峡を渡って、秋田のほうに航行する途中でこういう電報が来たのです。「ご苦労であったが、ソ連大使は帰国せず。皆さんにご迷惑を掛けたと、ソ連大使が言っていることを伝える。聯合艦隊司令長官」という電報です。「なーんだ」というわけです。

その代わりに今度は白い色に塗っていたから、釜石を攻撃した残りの米軍機が、延べにして七十機と見ているのだけれども、キリギリスにハチがたかるように、ドドッと襲いかかって来て、三百五十人乗っていたのが全員傷ついて、死んで、私だけがまたしても無傷です。船は半分沈んだ格好で、それでもエンジンを回して、土崎港に入ったんです。

秋田港（当時の土崎港）に入ったら夕暮れ時で、白いエプロンに大日本帝国婦人会というタスキを掛けて、そして在郷軍人が旗を振って、「われわれ一同は、アメリカの飛行機と戦っている日本の軍艦がこんなに強いというのを、朝から一日映画のように見ていました」と言うんだ。日本の海軍は強い、とうとう生き残ってウチの港へ入ってきたというので、秋田港の人が旗を振って出迎えてくれたんです。

それより彼らがビックリしたのは、この海軍軍人三百人の死体が、脚を全部折り曲げてあるのはどうしたのですかと。死んだら曲げろという命令が出ていたから、みんな曲げていたのです。ところが秋田港の焼き場は寝棺で、寝るやつだった（笑い）。曲げてあるやつを伸ばそうとしても、筋肉が伸びない。それが一番困った。私だけが無傷で、あとは怪我（軽傷約五十人）しているから手伝えない。だけど私が死体を担いだりすることはできない。その時には大尉になっていた。「どうしてこんなに曲がっているのですか？　しようがない、それじゃあ薪を持ってこい」というので、薪を重ねて、その薪と薪の間に三百の死体をサンドイッチのように挟んで、軍艦の燃料を掛けて燃やしたんです。朝まで一晩じゅう火葬した。それは凄いものです。私一人が無傷で残った。そのことは今の秋田港に写真もあるし、記録も残っているでしょう。

堤　当時のソ連大使はマリクで、恐らく、交換されたとたんに撃たれると知っていたかもしれませんね。

小山　それは知っていたかもしれない。その代わり逆に、向こうも引き取ったとたんにこちらを撃ってくるつもりだったでしょう。航空機でも来ていたら大変だ。

堤　マリクは日本にいる限り安全なのだから、帰るのは嫌だと。

小山　皆さんにこんないろいろな話をするけれども、話しても話は尽きないぐらいいろいろなエピソードがあって、本当にもの凄いもので、戦争はキレイごとではないのです。とにかくソ連大使を丁寧に護衛しろという電報が来たと思ったら、その次の電文にはソ連軍艦に引き渡した瞬間に撃沈せよですからね。向こうは宣戦布告して参戦しているのだから、敵だから撃てと。

堤　日本はずっとソ連の仲介を頼みにして、何とか終戦しようと思っていたわけでしょう。ところがマリクは当時の外相・東郷茂徳をいいかげんにあやしておいて、それでいきなり八月九日の参戦ですから。この野郎というので、移乗させたら、すぐに撃沈せよというのもよく分かる。

小山　日本が戦争に負けるというのを知ったのは、日本人の中で私が一番早いと思ったんです。ソ連大使が本国へ帰るということは、ソ連も殺されると。日本人というのはものすごい野蛮人で、人の命なんか何とも思っていないというような国だと思われているから、これはソ連が逃げるところを見ると、必ず日本はやられる、負けると、私はそう思いました。

日本人が考えているロシア人とかアメリカ人というのは違うのです。逆に彼らが考えている日本人というのは、虎かライオンかゴリラぐらいにしか思っていない。人間とは思っていない。だって、天皇陛下が愛馬・白雪に乗って、あんな風にやっているけれども、本当の心の底は相手を殺せと言うのだから。それでもし不発になったら困るから新しい弾に替えろと。私はその時に戦争というのは凄いものだと思いましたね。こっちは下ッ端の一海軍大尉にすぎません。

堤　あの時の海軍大臣は米内光政ですね。軍令部総長が豊田副武かな。

小山　それで、そのマリクというのは私は知らなかったけれども、「ご苦労でありました。大変ご迷惑を掛けました」と、ソ連大使のメッセージを伝えると、そういう電報でした。世の中がこんなになるのだったら、私はあの電報を取っておけばよかったと思って。

第三章――ＧＨＱ連絡官時代

ＧＨＱの民間財産管理局は民間人の財産まで取り上げた

堤　さて、戦後編に移りましょうか。戦後の秘話を聞かせて下さい。小山さんはＧＨＱと掛け合って、朝鮮への日本船舶引き渡しを阻止した。面白い話ですね。

小山　戦後、私は運輸省へ勤めた。マッカーサー司令部の中にいろいろな局があったんです。その中にＣＰＣという局があって、シビル・プロパティ・カストディアン（民間財産管理局）、これが非常に大きなセクションでして、これの局長が中将ですけれども、戦後の処理は日清戦争まで遡れと言うんです。

堤　何を遡れと言うのですか。

小山　日清戦争まで遡って民間財産を取り返せと。だから中国だったら、日清戦争で日本が持っていったものはみんな返せと。もちろん日清戦争ですから、そのあと日露戦争と日独戦争があるでしょう。だから日清、日露、日独、この三つの戦争で持っていったもの。軍の分捕り品ではなくて民間のものもみんな返せと。それはひどかったです。

変な話ですけれども、日比谷公園の柵に日清戦争の時の大砲の砲弾を支柱にして、その間を日清戦争の時に勝った軍艦の鎖で繋いであった。あれをみんな接収して、それを中国に返したんです。私はそんな仕事をした係官だったのです。それはひどいものでした。

大倉喜八郎が戦前、金持ちの時に中国へ行っていろいろなものを買ってきて、いわゆる骨董品だとか仏像だとか買ってきて、大倉集古館、あれをみんな返せと。私はCPCの係官と一緒にあれを接収に行かされた。あれはそうじゃない、お土産と一緒で相手と承諾のうえで金銭を出して正当の売買をしたものであって、軍が日清戦争によって接収したものではないと。それも中国がどちらに向いているのか分からないような米軍将校と一緒に行くのですから、納得させるのに苦労しました。大倉集古館は忘れてしまっているだろうけれども、今だったら、フカヒレは要らないけれども、中華料理ぐらいはお礼をしてもらいたい（笑い）。

とにかく遡って根こそぎ持っていくと。捕獲審検という言葉を聞いたことはありませんか。これは敵国の船、または敵国に準ずる船は全部捕獲して、それが間違いなく敵国なり敵国に準ずる船であったら、分捕ってよろしいという国際法に基づく海上捕獲審検というのがあって、その戦後処理の担当官をやりました。

堤　ポツダム宣言にそういう条項はありましたか。

小山　ありました。国際法海上捕獲審検に基づいて分捕ったものは、もちろんみんな返還または補償しましたよ。しかしポツダム宣言にあるなしにかかわらず、海上捕獲審検は国際法ですから、いずれにしても。ただ一つ、みんなが大きく誤解していることは、日清戦争では日本が勝って清国（中国）が負けたわけです。勝った国は必ず領土を取るんです。海上捕獲審検法によって取った艦は領土と同じです。日清戦争で領土を取ったのは台湾です。それは今度のポツダム宣言で返せと。日露戦争での領土は何かというと南樺太と北千島です。それを返せというので北千島と樺太は返した。それから日独戦争の時にはドイツが統治権を持って植民地にしていた青島と南洋委任統治領を取った。ところが朝鮮と日本は、戦争をしたのではないんです。要するに合意のうえで日韓合併をやった。もちろん反対はあったのだろうけれども。つまり、通常の男女の問題で言えば結婚したのです。男のほうも女のほうも合意した国際結婚ですから。だから朝鮮は海上捕獲審検とは関係ない。

堤　当時の国際関係も、これを認めていたんです。

小山　戦争をして日本が朝鮮を取ったわけでもないし、両方で納得のうえでやったのです。何で韓国は日韓合併をしたかというと、これは私の想像ですけれども、日本が日清戦争で大清国に勝つ、日露戦争で大ロシア帝国に勝つ、それからヨーロッパのドイツにまで日本が勝つ。こんな強い日本という国が隣りにあるのならこの人と結婚しようというので、早く言えば朝鮮のほうから一緒になりましょうということでやったのです。

ところが頼りにしていた強い日本が世界を相手にして馬鹿なバクチを打ってすってんてんに負けて、無条件降伏になって駄目になった時に、連合軍が朝鮮は元通りの朝鮮に返してやれと。あのサンフランシスコ条約がなければ、今韓国も北朝鮮もないのです。サンフランシスコ条約に何とか島の名前まで書いてあります。あれに竹島の名前がないから、いま争いになっているのです。尖閣列島もないから問題になっている。サンフランシスコ条約にちょっと竹島が書いてあればよかったのですけど。台湾の範囲に「尖閣列島を除く」と、ちょっと書いてあればよかったのです。

堤　サンフランシスコ平和条約というのも、非常におかしな条約ですよ。たしか平和条約第二一条に「中国と朝鮮が受ける権益」と書いてあるんです。ところが中国というのはいったい何を指すのか。毛沢東の中国なのか、蔣介石の中国なのか、定まらない。いま中国と韓国に関して、この条約を持ち出す議論がありますが……。

小山　韓国という言葉はないでしょう。朝鮮でしょう。

堤　朝鮮です。中国が何を指すのか、実に曖昧です。あの時、ソ連は毛沢東の中共も会議に呼べと言ったのですが、多数決で否決された。蔣介石の中華民国も会議に出ていない。四十八ヵ国が日本を相手にハンコを捺したわけですが、中国も韓国もあの条約については関係ない。ハンコを捺していないんですから。ところが条約の二一条に「中国」と書いてある。中国というのはいったい何なのだと。

小山　蔣介石でしょうね。

堤　毛沢東の中国でもない、蔣介石の中国でもない。共にハンコを捺してないわけだから。あの条約に関する限り、中国も韓国も関係ない。あとで日中平和条約とか日韓平和条約とかを結んで、その二つが日本との関係を律するわけで、本来サンフランシスコ条約とは関係がないわけです。

小山　だから話を戻すと、戦争をして取ったものなのか、戦争をして取られたものなのか、朝鮮を北朝鮮と南朝鮮に分けて大韓民国なんて言っているけれども、朝鮮というものは戦争とは関係がない。サンフランシスコ条約で初めて「これこれを元へ返す」ということなのです。ですから、変な話だけれども、サンフランシスコ条約では北朝鮮も南朝鮮も区別していなくて、ただ朝鮮ということで表わしてあるのです。

堤　そうです。中国も同じです。

小山　中国も同じ。中共と中華民国とどちらか分からないんです。

堤　分からない。だって両方とも会議に出てきていないのだから。

小山　でも本当は中共のほうが強いのです。

堤　一九四九年にいわゆる中共が建国しました。一九五一年にサンフランシスコ平和条約が結ばれた。だけど中共も呼ばない、中華も呼ばない。中華は戦勝国として東京裁判に参加した。当然のこと、ハンコを捺した四十八ヵ国の中に中華が入っているのかと思ったら入っていない。

戦後の日本人は朝鮮人が怖くて警察も手が出せなかった

小山　私は専門家でもないし外交官でもないのですけれども、たまたま運輸省の役人であり、いわゆるマッカーサー司令部CPC局という所と日本政府との連絡官であったのです。

その時にマッカーサー司令部の最高法律顧問にレーク・バーンズという弁護士がいまして、彼と私はたまたま仲良しになって、ある日レーク・バーンズが「朝鮮総連が陣取って、あの辺を騒がせて困っているから、小山さん、あなたは朝鮮人に強いから知恵を貸して」と来たのです。今の朝鮮総連の前身で朝鮮人連盟が新橋にある旧朝鮮総督府ビルを占領して、向こうは将来大使館にしようとしていたのでしょうね。私は別に朝鮮人に強いわけではないのです。朝鮮人に友達が一人もいないのです。それから朝鮮に一度も行ったことがない。それから朝鮮に住んでいる友達もいない。私は朝鮮人というものを知らないから、盲蛇で怖いものがないわけです。

堤　当時、朝鮮人は怖くて、日本の警察も手が出せなかったんです。

小山　ところが、終戦になった時の日本人の八割は皆さん何かしら朝鮮に関係があった。親戚か友達か何か朝鮮に関係があった。だから朝鮮人からやられると、いじめっ子がいじめ返しを受けたのと一緒で怖かった。だからアメリカ人のマッカーサーから見たら、私がバカに

朝鮮に強いように見えたのです。私がたまたま図書館へ行って勉強をしたところ、あなたが

言ったように、朝鮮は今のお金に直せば六兆円か五兆円か知らないけれども、いろいろな投資をしたことになるのですけど……。

堤　九兆円です。

小山　とにかく大きな投資をした中で、一番大きな投資は鉄道です。従って、鉄道収入というのは予算の中で一番大きな収入だったのです。それから満鉄との連携で軍に協力する朝鮮鉄道と満州鉄道というものが日本の軍の生命線だったのです。そういう意味で朝鮮鉄道に勤めている人は、朝鮮総督府に勤めている中では一番威張っていて、一番お金を持っていたのです。朝鮮総督府の建物はみんな朝鮮鉄道が造っているのです。共済組合で造って、政府と朝鮮総督府と朝鮮総督府共済組合とで九十九ヵ年契約でやっていた。

それが分かったものだから、私はマッカーサーの所に行って、こういう資料があると。だからあなた（朝鮮総連）が占拠している朝鮮総督府ビルは日本政府のものではない。朝鮮総督のものでもない。しかし彼らは終戦の時の朝鮮総督府では、陸軍大将の阿部信行が「私の持っているものはみんなあなたに差し上げます」という一筆を李承晩に書いている。「すべてを差し上げます」だから、新橋にあるビルディングもそのリストの中に入るというのです。だから朝鮮人連盟のものだと言っている。またこれを占領使用してもよい、と思っている。

堤　阿部の言葉は「日本が持っているものはすべて差し上げます」なのか、「私が持ってい

るものは」なのか、主語は何ですか。

小山　両方です。朝鮮総督府の持っているもの及び私個人の持っているもの、全部あなたに差し上げますと。だからその中に今の朝鮮ではなくて海外に、例えばアメリカにあるものでも、朝鮮総督府のものであったらあなたのものになる。日本にあるビルディングでもあなたのものですと、そういう意味があるというので、朝鮮人連盟が占領して手が出せないのです。阿部総督の一筆があるから。

それから連合軍マッカーサー司令部が手が出せないのは、ヤルタ協定で三十八度線以上はソ連が占領する、南朝鮮はアメリカだと。マッカーサーのほうは手が出せないのです。それで小山さんがいいものをみつけてくれたというので、いろいろ検討した結果、大丈夫だと思ったのでしょう。小山さん、マッカーサー命令を日本政府に向けて出すと。マッカーサー命令というのは即日本の法律になりますから。

堤　ポツダム政令とマッカーサー命令、二つでやられるわけですね。

小山　そのときこの担当責任者として私を任命しようとしたので、これはあまりにも問題が大きいので、運輸事務次官から初代の国鉄公社の総裁になった下山定則というのがいて、大正十四年ぐらいの卒業ではないでしょうか、昔の鉄道省出身の人です。この人にしたほうがいいと私は推薦しました。残念ながらやはり下山は断わりました。

そのころだれでも朝鮮に対する恐怖というのがあって駄目でした。「そんなもの分かりませんから」と辞退した。そうしたら私の友達のレーク・バーンズが「小山さん、何もそんなに怖がることはない。あなたが清算人になればいい。あなたの名前をマッカーサー命令に書くからやれ」と。それであのビルの持ち主は小山だということになった。私も怖がりはしないけれども、あのビルディングには今でもなるべく近づかない（笑い）。私が前を通っても、小山だなんて誰も気付かないでしょうけど。

清算というのは二つ方法があるのです。そのまま事業を続ける方法と、もう一つは持っているものを全部お金に替えて、そのお金を持ち主に分配する方法と二つある。私はさっさとお金に替えて持ち主に返したほうがいいというので、競売に出して当時約一億円で売って、その一億円を旧朝鮮総督交通局共済組合員（日本人）に全部配ったのです。日本政府はもちろん、マッカーサー司令部も拍手喝采。突然お金をもらった、朝鮮から引き揚げて帰ってきた人も拍手喝采。

堤　もらった人はビックリしたでしょうね。

小山　驚いたでしょう。小山といっても、それが昔の鉄道局の偉い人でも何でもないんですから。

堤　これは競売にして共栄火災（株）が一億円で落札。

小山　約一億円でした。

堤　三千二百名ほど見つかって、一人につき当時のカネで四～五万円というのはデカイですね。実に面白い話ですね。ところで小山さんは、日銀の倉庫でダイヤモンドの山を目の当たりにしたとか。

小山　CPC（民間財産管理局）と言うのですけれども、日本政府の持っているものに連合国に返還するものはないかと言うのです。例えば変な話ですけれども、三国同盟で日本とドイツとイタリアになっていたでしょう。だけどドイツが負けたら、イタリアはどうしたかというと、連合軍に入るのです。従って、イタリアのものはないかと。ダイヤモンドも本当はイタリアのダイヤモンドではないかと。そういう具合にして、日本銀行の金庫に入っているダイヤモンドは、もともと連合軍のものではないかと。

　そりゃそうです。日本ではダイヤモンドなんて産出しない。皆接収しただけですから、無理に取ってきたものか、買ってきたものか区別が付かないのです。ダイヤモンドだけは特別待遇だというので、ポケットに入れて持っていたやつもいたんじゃないか（笑い）。分からないです。だって、ダイヤモンドに名前が書いてあるわけではないし、これはだれそれから接収したものだというのも書いてないし。結局このダイヤモンドはアメリカが接収したのではないでしょうか。私はそんな気がする。

堤　やはり相当の分量がありましたか。

小山　ええ、この椅子ぐらいありました。

コリアン・ベスティング・デクリーがもたらした災難

堤　僕が面白いなと思ったのは、「コリアン・ベスティング・デクリー」と言って、昭和二十年八月十日午前零時現在、朝鮮の領土、領空における一切の財産、金、銀、宝石類も含む――これをホッジ司令官が占領し、所有するとありますね。

ところがこれは十日であって、日本がポツダム宣言を受諾したのは八月十五日です。何の権限をもって、こんな風になるのですか。

小山　それは、ポツダム宣言の通知を受けたのが十日なのです。

堤　いや、ポツダム宣言が示されたのはもっと前です。以後八月十五日まで、その諾否をめぐって日本側でスッタモンダしたんですから。

小山　いや、十日が正式なのです。それで受諾を返事したのが八月十五日です。

堤　確かポツダム宣言が示されたのは、七月の二十六日です。政府はこれを「黙殺」した。おいそれと受諾は出来ない。なにしろ徹底抗戦を叫ぶ軍部クーデターのリスクがある。事実、のちの八月十四日から十五日にかけて、近衛師団長を殺害、偽の師団命令を発するクーデター騒ぎが勃発した。未遂に終わりましたが。政府はこのリスクを回避しながら、アレコレの終戦工作を摸索した。ソ連の仲介を求めたのも、軍部を慰撫するためでした。そしてヒロシマ、ナガサキへの原爆投下、九日のソ連参戦となる。八月十日、中立国スイスを通じて「天皇の大権を変更しない」ことを「条件」に受諾するとした。

この「条件」についての返事は、「天皇の権限は連合軍司令官に「subject to（従属）」するものとした。「従属」とは何事かと、軍部は治まらない。八月十四日の御前会議の「聖断」をもって決するまで、諾否をめぐってなおスッタモンダする。翌十五日の「終戦の詔勅」で最終的に受諾するわけです。八月十日の時点では、最終的に受諾したとはいえない。条件をつけていたんですから。

小山　彼らが言うには、八月十日に連合国は正式に日本に通知したと。その前に何回も言っているけれども、それは個人的に近衛に言ったか、個人的に外務大臣に言ったか、それは別として、ポツダム宣言というものを日本政府に正式に通知したのは八月十日です。この年表にも「七月二十六日にポツダム宣言、八月十日に宣言の受け入れを連合国へ伝達」と書いてあります。

堤　その受け入れるというのもまだ正式ではない。条件をつけていたんですから。

小山　この記録にも書いてありますけれども、ポツダム宣言は七月二十六日のポツダム会談において日本に対して発した一三条からなる降伏勧告の宣言文である。この宣言を発した各国の名を取って、ポツダム宣言とは言わないで、米英華三国宣言とも言う。八月十日、日本はこの宣言の受け入れを連合国へ伝達する。私は受け取りましたというのは八月十日だというのです。

堤　受け取った、しかし「条件」があるということですね。

小山　「日本は、この宣言の受け入れを八月十日に連合国側へ伝達する」と書いてあります。それで九月二日、東京湾に停泊するアメリカの戦艦ミズーリ号の甲板において、日本国全権の重光が連合国への降伏文書に調印をした。これは八月十日ではなくて九月二日なのです。

堤　日本が示した「条件」をめぐって、ホワイトハウスでカンカンガクガクの会議をするんです。結果、さきの「従属」が出た。これをめぐって日本はなおゴタゴタする。とても八月十日に最終受諾したとはいえない。

小山　堤さんの言われる通りだと思いますけれども……。

堤　だから日本が「万歳ですよ」と正式に手を上げたのは八月十日ではない、十五日です。にもかかわらず、この八月十日に、ホッジ司令官が日本の在韓資産を占領・所有するというのは、どう考えてもおかしい。フライング・スタートですよ。

小山　何回も言うように、マッカーサーの下にいたホッジと言う中将が朝鮮半島を占領しているのです。ところが、実際は朝鮮半島を全部北まで占領したかというとそうではなくて、三十八度線までを占領したのです。ホッジ中将は、今言ったように、日本が宣言をされた時のことではなくて、日本がたしかに受け入れを致しましたと言ったのが十日だから、十日には俺のものだという言い方なのです。

堤　向こうはそう受け取ったのかもしれませんけれども、こちら側からすると、十日と十五日では五日の開きがあるわけですから、天皇が万歳しますよと、みんなに終戦の詔勅をやるわけです。

小山　朝鮮問題に関連すると、ホッジ中将の十日がいつも終戦になるのです。

堤　交渉する時に?

小山　ええ。

堤　だから僕、面白いなと思って、これはどうなっているのかと。

小山　マッカーサーと交渉する時には八月十五日になるのです。だけれども、ホッジ中将、つまり朝鮮問題になると十日になるのです。いったいどちらが本当だと思いますか。十五日までは日本なのか、十日までが日本なのか、十日は日本ではないのか。向こうは十日からは日本のものではないと言うのです。

堤　いや、そこで日本政府はオランダのハーグまで行って国際裁判に訴えた。「占領はできても所有することはできないと訴えた」と書いてありますね。もっともな話じゃないですか。

小山　ところがハーグでは結論は出なかったのです。

堤　出なかった?　そうなんですか。

小山　そのうち、変な話ですが、ミズーリ号でOKとしたものですから、八月十五日になってしまったと。私ももうちょっとでオランダのハーグに一緒に行くところだったのです。

堤　そうですか。これは日本から使者を出した?

小山　出した。

堤　向こうにいる人間を差し向けたのではなくて？

小山　在オランダの大使館からではなくて、私の記憶では、そのころ「終連」と言って終戦中央連絡事務局というのがあったんです。そこの人間が行ったと思います。それはほとんど外務省の人間です。

堤　ヘッドはあるいは白洲次郎かな。

小山　白洲次郎が行ったのではなくて、やはり局長とか大使クラスの人が行ったと思います。だけど結論は出なかったのです。だけれども、それまでは朝鮮から言ってくることは全部十日付けで言ってくるわけです。

「私は日本のやることに全部反対する」反日家・李承晩の「日本憎し」

堤　朝鮮が言ってくるということは李承晩が言ってくるということですか。

小山　そういうことです。李承晩はホッジから言われているわけです。ホッジは何と言っているのかといったら、日本へ通知してそれを日本が受けた十日だと言うのです。日本が本当にポツダム宣言を受諾したのは十五日ではないかと言っても、いや、中身を承諾するのではなくて手紙を受け取りましたということは、即その時に有効だという言い方なのです。

堤　じゃあ、こういうことかもしれない。「天皇の大権を変更せざる条件のもとにこれを受諾する」と条件を付け、その条件に対して「従属」するという回答があったわけですが、それに対して日本が否応を示さない。それがそのまま「終戦の詔勅」で受諾となったのだから、じゃあ十日だと、そうなるのかな。

小山　それはホッジ中将だけがそう言うのです（笑い）。しかも十日の問題よりももっと凄いことが書いてある。「所有する」と書いてあるのです。そんな一軍人が国を所有したり、領土を所有したり、財産を所有することはできないはずです。占領することはできる。自分の占領下に置くことはできるけれども、それを全部自分のものだということはできないというのが、日本がハーグで訴えた訴文にあります。

堤　これには「ホッジ司令官がこれを占領し所有すると宣言した」と書いてありますね。その宣言というのは、ホッジというのは、マッカーサーの了承を得てやっているんでしょうね。そうではないのですか。

小山　そうじゃないでしょうね。

堤　じゃあ、これは凄い。トンデモナイことですよね。

小山　ホッジは司令官として「所有」した。マッカーサーだったらどうしたでしょうね。「所有する」という所を消したでしょうね。マッカーサーの下には、私の友達のレーク・バーンズなんていう優秀な法律家や弁護士がいますから。マッカーサー司令部に、弁護士は全部で五十人ぐらいいました。

堤　そうでしょう、弁護士上がりの将校とかね。

小山　ご承知のように、アメリカは弁護士といっても州の弁護士ですから。

堤　これ、何で僕がしつこく聞くかというと、その後の日韓の賠償問題というのですか、これに関連しているからしつこく聞くのです。この次に、この何とかデクリーを根拠にして、米国が支援した初代大統領の李承晩が八月十日午前零時時点で、韓国にあった日本の飛行機も船も全部韓国のものだと、証拠探しに走り回った。韓国にある日本人の資産、鉄道、家、土地、官邸、金、銀、宝石すべての財産を接収する、とあるわけです。小山さんのご苦労はここから始まるわけですね。これ、全く大変だね。でもこのあとのイキサツ（「新潮45」八月号）は面白いですね。このあとのイキサツを読んでいると本当に面白い。

小山　賠償の部は別として、本当に戦時補償打ち切りの問題は、やはりサンフランシスコ条約に遡ると思うのです。ですから八月十五日になると思います。

堤　そのこともあとで申し上げますけれども。それで李承晩が証拠探しをして、日本の船舶が韓国の給水会社で給水したという日記を見つけて、「よし、これで日本の船は全部、俺のものだ」と言うわけですね。百五十隻。

小山　その日記を出してきた朝鮮人に、李承晩は賞金を支払ったんです。そしてそれを李承晩の正式な文書にして、トルーマン大統領に送るんです。

堤　実際に給水があったのですか。偽の書類じゃない？

小山　偽ではないです。それを言うと、私は殺される（笑い）。本当は可哀そうなんですよ。

なぜかというと、日本人でも軍の秘密は超一流でしたから。さっきの憲兵ではないけれども、ちょっと一言ちらっと、宮城の前を走る電車の中で頭を下げなかったら、憲兵が来てすぐ捕まえて、名目は病死と言うけれども実際は殺すのですから。

それぐらい軍の権力というものが強く厳しかった時に、軍艦であろうが、商船であろうが、そういう船の行動とか名前とか日付けとかの情報を手に入れる者は、これは殺されるのを覚悟でやるものです。そして、その軍も隠すために、船の名前も、昔のように「大和」とか「武蔵」とか書かないでみんな番号にしてありますから。

朝鮮人が、これが何丸だということは可哀そうに分からないんです。私はその給水日誌は本当だと思います。だけれども、字の読めない可哀そうな朝鮮人が、軍の機密にちょっとでも触れるから、命を懸けて写しを取っておいていたと思います。今のようにコピー機があるわけではなし、それはもう決死の覚悟で取ったものだと思います。そして家の中に隠していた。李承晩はそれに報いるのに、一億円ぐらい賞金を出したのではないですか。よくやったと。

それは、友人の南宮という韓国人がそう言いました。だから、私はあとになって聞いたのですけれども、李承晩は「やったァ」というわけです。それでトルーマンは、やっぱり李承晩がキリスト教徒だということを信用したでしょう。私はトルーマンの書類も見ました。大統領の書類は、御名御璽《ぎょじ》で日本式に判が要るのです。その判を見ましたけれども、これぐらいの大きさ（約三センチ）で、蠟で大統領のサインが入ったやつで、リボンが付いていて、大統領がサインした書類はみんなそうなっているのです。それがトルーマンからマッカーサーに送られてきて、マッカーサーから参謀長を通じて私に見せたのです。これがトルーマンから来た書類だと。

堤　李承晩は日本の憲兵や警察、特高に拷問されまして、爪を全部抜かれてしまったんです。彼は言ってます。「それ以来、私は日本のやることなすことに全部反対する、日本憎し」となったと。だから日本の船を全部取ってしまうという気持ちはよく分かる。

小山　昔、私も李承晩に一遍会いました。やはり白い手袋をはめていました。指を潰されたのを見せないんです。南宮は見たそうですけれども、こういう具合に、野球のミットみたいに、手がこういうぐあいにつぶれて、爪がみんな取れて。爪の間に竹べらを入れるんです。それでぐいっとひねる。拷問の一番痛いやつです。十本の指が全部そうなっているのです。

　それをこうやって、人と会ったときにあまりにもみっともないから、彼は儀式に使うような白い手袋ではなくて、軍手のようにものすごく厚い白い手袋を、私が会った時にははめていました。だれもいなくなった時にそれをはずして、「日本の野郎」というわけで……。それが李承晩の一生ですから。

堤　独島、竹島、李承晩ラインで、日本の船を拿捕したとか、みんなそこから来ているわけですね。日本に李承晩が来た時に、吉田茂と李承晩がアメリカの司令官の邸宅に招かれた。

マッカーサーだったかに会うんです。その時、李承晩が吉田に「これ、このとおりだ」と手を見せるんです。吉田はブスッと構えて何も言わない。

小山　李承晩には子供がいないんです。奥さんはスイス人です。それで、奥さんとは英語で話す。李承晩は非常に流暢な英語ができて、そしてキリスト教徒なんです。ですから人間としては、熱心なキリスト教徒で、非常に立派な人格者だそうです。だけれども反日精神は最高です。

堤　そこから全ては始まっている。

堤　GHQが、小山さんは朝鮮に強いと判断した根拠はなんだったんですか。

小山　私は「新潮45」（二〇〇五年八月号）でも、この本の第二部でも書いたように、私は朝鮮に行ったこともなければ知人、友人、親戚、要人もいない、何も知らない、怖い者知らずだったからです。是是非非で対処したので強く見えたんでしょうね（笑い）。

戦時中、朝鮮の海岸へ米軍からの難（爆撃）を逃れて逃げ込んでいた商船や漁船の中で、一番大きかったのは川崎汽船の貨物船聖川丸でした。他はほとんど沈められた。すると当時運輸省の総務長をしていた壺井玄剛がきて、

「川崎汽船の社長を連れて挨拶にこさせようか」と言われた。朝鮮の李承晩に返させずにすんだ約五十隻の船主を代表して挨拶にこさせようということだったが、私は「レーク・バーンズ弁護士やGHQ参謀長、さらにはマッカーサー司令長官、トルーマン大統領にまで行っ

て、事情を言わねばならなくなりますから、その必要はないです」と断わりました。マッカーサーが李承晩に「五十隻持って行け」と言ったら、戦後の日本海運界はダメになっています。

小山　苗字が南宮で名前が錬という朝鮮人ですが、朝鮮人にしては二文字の苗字は珍しいですね。中国人と一緒でキンとかシンとかカンとか大抵一字の苗字が多いですね。だから南宮というのは有名です。これが私を頼りにして、死刑宣告を受けて逃げてきて、私がかくまってやった。

堤　どうして死刑を宣告されたのですか。

小山　前の李大統領に協力したと。当時、李承晩の幕僚、大公使は全部死刑。大統領が代わるたびに彼は死刑になるんです。そして、俺に協力してくれるのだったらお前の命は助けてやると。その南宮錬は、あまりにも国家のために尽くしたものだから、国務大臣になるだけではなくて、ひところ李承晩の養子になれと言われたぐらい李承晩の信任の厚い男だったんです。今八十八歳です。今も生きています。

南宮錬の話によれば、李承晩はだれもいない時になったら手袋をはずして、日本の憲兵から、日韓合併に賛成せよと、こんなにひどい拷問を受けたと、潰された指を見せる。彼はもともと日韓合併に反対なのです。だけど、その李承晩と握手したのが吉田茂ですから、私は吉田茂という人は偉い人だと思います。反日の親玉とああやって握手するのですから、偉いものだと思います。

それと一緒ですが、同じく反日の親玉毛沢東と握手した田中角栄というのも偉い人だと思いますね。金日成と握手した人は金丸さん以外はいない。

第四章——金丸信の土下座外交の真相

金日成は深夜に突然一人できて土下座した　金丸「ボクはパジャマ姿で会ったよ」

堤　ちょっと話は戻るけれども、例の朝鮮総督府ビルの一件ですね。結局、朝鮮鉄道のものではなくて共済組合のものだということが分かった。それを口実にしてひっくり返すわけですね。

これも面白い話ですね。要するに国と国のやり取りというのは法律ですから。戦争のあとに外交が来る。その際、武器は法律、条文しかない。法律を盾に取ってこうやってひっくり返していくというのは、面白い話です。

小山　そして本当はもう一文入れたいのは、多分本当だろうというのと、全然間違っているというのと、その中間のようなものがあるのですけれども、韓国の日本船返還要求の時の日本の一番大きな船は、川崎汽船所属の一万トンの船で、「聖川丸《キヨカワマル》」というのがあるのです。

もっとも運輸省は箝口令を布きましたけど。

堤　ここで一つお聞きしたいのは、共栄火災に名義が代わって、十年ぐらい名義は小山さんのものになっていたわけですね。やがてそれをGHQが乗っ取ってESSが使用する建物になった？

小山　いや、そうではなくて、ESSは借家人として入った。

堤　大家さんは小山さんですか。

小山　そうです。

堤　ここに小山さんは「今思うに、サンフランシスコ平和条約で、朝鮮の独立を認め、戦時補償をしましたが、北朝鮮への補償分は李承晩から渡されたとは思えない」と書いてありますね。

小山　それは渡していないから、北朝鮮は戦時補償をくれと言っているわけです。対して日本の外務省は、「いや、日本はあなた方の補償金は李承晩さんに渡してあるから、李承晩さんからもらいなさい」と言っているわけです。そうしたら、「北朝鮮は李承晩からもらっておりません」と。「北朝鮮は独立国になっていて、三十八度線から以北は私らのものですから、私らに戦時補償をください」と。分かりやすくいうと、こういう会話になるんでしょうね。

その次に金日成はエライことを金丸信に言ったんです。田辺・金丸使節団というのが北朝鮮に行った時のことです。これを日本の外務省はものすごく嫌ったのです。なぜかというと、正式の外交官ではないと。日本政府が保証した外交交渉の資格がない人間が相手の国の代表と会って、その補償金がなんぼだとか、出すとか出さないとか、払うとか払わないとかいうのはトンデモナイことだと。

つまり半分焼きモチを焼いているわけだけれども、外務省の言い分はその通りで、金丸らを外交官としての交渉権限も責任もない者が、ただ趣味の観光で行った人間と同じように外務省は扱った。

ところが、金丸の訪朝を受けた金日成のほうは、私は金日成は立派だと思うのですが、金日成はこう言ったそうです。

「金丸さん、私は北朝鮮の代表として、いろいろな国から『お前を支援してやる、後援してやる、助けてやる』ということを言われるけれども、全部裏に反対要求が付いている。『基地を貸せ』とか『租界地にしてくれ』とか『あの山の権利をくれ』とか、いろいろな反対の要求要件が付いてくる。だからロシアからも『助けてやる』『石炭をやる』『石油をやる』『電力をやる』『食糧をやる』と、いろいろなことを言われるけれども、裏では必ず何かをくれという反対の要求がある。ところが日本から戦争中の補償金というものをくれたら、本からは反対要求はない」と。これは戦争中の罰金ですといってくれるのだから、もらったものをそのまま自分は自由に使える。日本は妙な見返りを要求をすることはないと言うのです。

つまり、戦時補償金というものは自由に使える。そして何も日本から要求されることはないと言うのです。このカネが小さくても大きくもいいから欲しいと。そのカネで自分は、とりあえず国の復興に力を入れて、そして小さな北朝鮮国というものを自分で建てて、それで各国と交渉をして、将来だんだん大きくなってやっていきたい。あるいは南北を統一したいと、こう言ったそうです。つまり、日本がくれるおカネだったら、そのまま有難うと言ってもらえばいいというのです。日本以外の国からくれるカネは、必ず裏で「どうしてくれる?」という条件が付くというのです。

堤　韓国が日本に日韓平和条約を結ぶ時に五億ドル取るでしょう。あの時の言い分がまさにそういう言い分でした。そのカネで韓国は復興した。経済成長を年十パーセントを十年続けて、漢江の奇蹟と呼ばれた。それを見て金日成は、同じやり口でやろうということですね。

小山　金丸の話によれば、ホテルの金丸の部屋に夜中の十二時に金日成が一人で来た。それで金日成は、「補償金はもちろん大きければ大きいほどいい。だけど決してゼロではないはずだ、どうぞひとつ、いくらでもいいというと悪いけれども、これだけは実現してほしい」と言って、絨毯の上に手を付いて土下座した。その時の金丸はパジャマを着ていたそうですけれども、その足の所に手を付いて、「金丸さん、日本であなただけがこの問題を実現する力を持った人だと思うから、お願いします」と言って、本当に土下座したそうです。

堤　それで四百億ドルというのは本当ですか。

小山　それは私は確認しませんでしたけれども、多いほどいいと言ったそうです。四百億ドルはハッタリでしょう。

堤　四百億ドルということは四兆円です。

小山　だけれども、「ゼロではないでしょう」と言ったわけです。

堤　その時に「韓国に渡してあるから、韓国からもらってくれ」とは言わなかったのですか。

小山　それは言わなかったのでしょう。そこが私は金丸の偉いところでもあると思うのですが、それを言ったら日本の外務大臣になってしまいますからね。

スターリンもそんなことをやりましたね。松岡がモスクワを出発する時に、モスクワの駅にスターリンが送りに来ないでいたら、反対側の線路のほうからスターリンが一人で飛び乗ってきて、「松岡さん、不可侵条約をやろう」と言った。ソ連はああいうやり方をする。毛沢東もそういうやり方をするそうですね。

堤　そしてあとで平気で破るわけだ。

小山　それからもう一つ、私はなぜそんなことを金丸に話をしたかというと、平成十六年か十五年か、私は中国との間のフェリーボートをやっているでしょう。あれでいろいろ偉い人に会うのですけれども、「小山さん、金丸という人はどういう人？」と中国人の偉い人に聞かれたのです。「俺はよく知らない。金丸というのは隠れたる大ボスだ」と言ったのです。

「朝鮮の金日成主席が土下座をして何かを頼んだという話だけれども、国会議員なのに何でそんなことをするの」と聞かれた。「俺は金丸という人は知らない」と言ったのです。そうしたら、「ここの北京にいる北朝鮮の大使は、金丸さんは日本に帰って土下座外交をしたと言って非難されているけれども、うちの金日成主席が土下座外交をしたのだと言っているけど本当か」と聞いた。

さっそく私は帰ってきて、私の会社に矢崎という専務がいて、これが山梨で金丸さんの秘書をしている人を知っているというから、「俺を金丸さんに会わせてくれ、俺、金丸さんを知らないから」と言ったら、その専務が金丸さんに引き合わせてくれたのです。私は金丸さんと三回会ったのです。その時の金丸さんというのは立派だった。やはり土下座外交をやったのは金日成主席だった。

堤　しかし、金丸が逮捕されたあと、金丸の家から無印のインゴット（金塊）がごそごそ出てきたのは、あれはどういうことですか。しかも預金が五十六億円あったという。

小山　この問題とは関係ないでしょうけれども、私にはよく分からないが……。

全く金丸さんという人は田中角栄みたいな人だね。大きな問題では良いことをして、小さい問題とか中ぐらいの問題になると悪いことをする。

堤　大きな問題でいいことをしたのかな。そこを聞きたいですね。

小山　それはした。台湾の蔣介石に恩返しをするという意味で。日本人は忠義とか敵討ちとかということに非常に敏感な国民性を持っているのだけれども、大きな人間になったらそういうことはあんまり考えないのだな。とはいえ金丸さんという人はカネをあんまり集め過ぎたからな。

堤　ちょっと異常でしたね。金丸じゃなくてゼニ丸。

小山　田中角栄さんと同じですね。出る釘は打たれるかな……。

韓国政府が日韓議事録を公表　明らかになった日朝補償問題

堤　日韓の補償問題で言えば、今年の一月末でしたか、韓国政府が日韓交渉の議事録を公表しました。そうしたら、日本は個人補償すると主張したのに対して、大統領の朴正煕が一括してもらいたいと主張して、結論から言うと無償三億ドル・有償二億ドル、計五億ドルを経済協力の名目で外相の大平正芳がＯＫして、日韓平和条約がまとまった。個人補償を朴政権が一括して取っていたという事実を、韓国民が初めて知って、今度は韓国政府にどうしてくれるんだという話になる。

五億ドルで妥結するまでのイキサツが面白い。当時、韓国は「日帝三十六年の植民地支配」を理由に、請求権を主張した。日本側はそれは認められない、経済協力の名前なら出すと言って、請求権か経済協力か、カネを出す名目を巡って日韓交渉は、十年間スッタモンダする。軍事クーデターで大統領になった朴正煕が、腹心の金鐘泌を日本に密使として送るわけです。行くにあたって、「お前、とにかく日本から八億ドルむしり取ってこい」と言う。金鐘泌は「大統領、それは無理でしょう。なぜなら日本の今の外貨準備高は十四億ドルです。そのうち八億ドルをよこせと言っても無理です」と答える。

「とにかく八億ドルと吹っかけろ。この際、日本からまとまったカネの援助を仰がなければ、韓国の経済はこのままではどうにもならない。どのように交渉をまとめても、オレたちは非難されるだろう。しかし誰かがやらなくちゃならん。オレたちは革命までやったじゃないか。どうだ、行ってくれるか」

「ハイ、行きます」ということで、金鐘泌が日本にやって来て大平に会うわけです。このとき金鐘泌は三十四歳かそこらです。とりあえずカネの名目はヨコに置いておいて、

「いったいいくらぐらい援助してくれる?」と切り出す。

「まあ三億ドルだ」

「それでは話にならない、八億ドルだ」

言ったとたんに大平が椅子から飛び上がったというんです。そんなに出せない、いや、どうのこうのと押し問答があって、結局、無償三億ドル・有償二億ドルの計五億ドルに落ち着いた。さあ、お次はカネの名目です。

「日本が請求権を認めてカネを出したと言わないと、私は国賊になってしまう。ぜひ認めてくれ」

「いや、請求権は絶対に認められない」

大平は頑張るわけです。なぜかと言えば、日韓併合の正当性を主張する他に、もう一つある。サンフランシスコ平和条約第二六条に、二国間交渉の規定があるわけです。平たく言うと、これから日本は中国とか韓国とかと二国間で平和条約を結ぶだろう、その際、この平和条約で結んだよりも大きな利益を相手国に与えた場合は、同等のものをハンコを捺した連合国にも与えなければいけないと書いてある。

だから五億ドルを出して戦後処理をしましたと言うと、他の連合国が「なんだ、お前、オレにもよこせ」となる。だから請求権を認めて出したとは言えない。これは経済協力ですとしか言えないわけです。だから大平さんはあくまで頑張る。結果、カネの名目については双方とも曖昧にしましょうとなる。金鐘泌によれば、

「われわれは議会でこれは請求権が認められたという風に言います。大平さん、あなたは日本の議会で経済協力ですと言えばいい。カネの主旨は文言に記さないで、お互い都合のいいように言いましょう、それでどうですか」

それならいいとなってハンコを捺した。個人補償について朴正熙が金鐘泌に言ったそうです。

「いまはこのカネを国の復興に当てよう。国に余裕ができたときに個人補償をしよう」

韓国の国民は自分たちが個人補償してもらえると思っているわけで、日本の裁判所に個人

補償を求めて計三十件の訴えを起こした。いずれも日韓条約を理由に、門前払いで棄却されるわけです。ところが、さっきも言ったように、今年の一月に初めて交渉の過程が韓国で公にされた。それなら韓国政府が払うべきだと言って、韓国民の請求が始まっているわけです。にもかかわらず盧武鉉は、「いまだ日本は歴史認識を改めていない。反省して、賠償をしろ」と言う。

日韓条約の一番最後に、「この条約をもって今後一切両国間の補償問題を完全かつ最終的に打ち切りとする」と書いてある。弁護士上がりの盧武鉉が、日韓条約のイキサツを知らないわけがない。なのに自分の政権に向かう鉾先を、日本に向けようとする。扇動政治家ですよ、彼は。

ロシア年来の国の方針で朝鮮が欲しくて仕様がなかった

小山　私はよく知りませんけれども、多分、当たらずとも遠からずで、そういう交渉があったんでしょうね。けれども、外国人を非難する言葉になって悪いけれども、韓国人も含めて朝鮮半島の人は本当はわれわれの祖先なんです。だけれども、あまり信用出来ない。なぜかというと、何千年の歴史を見ますと、この半島民族は日本とロシアと中国の三国にいつもイジメられて来た。ロシアは朝鮮半島の不凍港が欲しい。何千年来の願望ですね。ロシアは可哀そうに、凍らない港はないんです。ウラジオストックでも凍るのですから。ですから南進論。

堤　ウラジオストックというのは「東方を制圧せよ」という意味だそうですね。

小山　そうです。ですから、朝鮮が欲しくて欲しくて仕様がない。これはロシア年来の国の方針です。それから中国は、地図を見ただけでも分かるように、最初から自分の領土だと考えている。日本で言えば三浦半島か伊豆半島みたいなもので、ちょっと飛び出している半島は自分の領土だと。そこに川があり山があって境になっているだけで、自分の領土だと最初から思っている。そのいい証拠には、元寇の乱の時に日本に攻めて来た中国の兵隊は一人もいなくて、全部朝鮮人なんです。

堤　高麗兵ですね。

小山　高麗の人間を使って日本に攻めて来た。ことごとに朝鮮半島の人間は中国に隷属しているんです。それから日本は神宮皇后の三韓征討、豊臣秀吉の朝鮮出兵、それから戦争はしていないけれども日韓合併。朝鮮半島はいつも日本からイジメられて来た。「アリラン、アリラン」という歌があるでしょう。あの歌は非常に悲しい歌で、女が男に捨てられて「アリラン峠を越えて逃げていく。あなたは散々いい目をして私を捨てて逃げていくけれども、十里も行かないうちに神様の罰が当たって、あなたの足は腐ってしまって歩けなくなる」と歌っている。

私はこのアリランという歌は、京城のオリンピックの時に、韓国人の南宮の招待で一日だけ行ったんですが、オリンピック会場に入ったらこのアリランがバックミュージックでずっと聞こえる。それから私は行ったことはないけれども、北朝鮮で踊りとか大会とかいろいろな催しをするときにも、必ずバックミュージックはアリランだそうです。つまりアリランという歌は朝鮮民族というか半島民族というか、それが日本と中国とロシアに何千年もの間ずっとイジメられて、「でも、あんたはいずれ足が腐って、駄目になる」という、日本の男、中国の男、ロシアの男に向けて、朝鮮半島の民族が何千年の恨みを込めた怨歌だと思うんです。

朝鮮民族はイジメられっ子になっているわけで、国民性が非常に疑い深い、それから密告をする。そういう国民性を長い間に育てて来た。日本人は朝鮮人に対して自分の祖先の国であるのに、いつも朝鮮を下に見る。ロシアも中国も常に朝鮮を下に見る。従って、日本の朝鮮外交というものは、日本の外務省の中で朝鮮大使になるということは、一番冷遇されたことになるんです。優遇される連中はヨーロッパかアメリカの大使になる。

外務省の中にA・B・Cというランクがあるんです。欧米の大使になるのがAクラス。同じ外交官試験を受けても、三等書記官の時からAクラスのやつは欧米に行くと決まっている。軍隊じゃないが、将校と兵隊の区別が最初からある。Aクラスは欧米で、Bクラスは南米・オーストラリア。Cクラスはアフリカとアジア、特に朝鮮。朝鮮はCのCです。Cの中にもA・B・Cがあって、CのCが朝鮮の大使になる。だから朝鮮語をちょっとでも勉強したり、朝鮮のことにちょっとでも関わったら、お前は将来、韓国の大使に行けとなる。だから、みんな朝鮮に手を出さない。つまり、Cクラスの外交官が朝鮮問題をやる。これは明治以来、だんだん外務省の一つのシキタリになっていると（友人外交官から）聞いている。

ですから、さっきあなたが言われた日韓交渉で、実際に細かい内容に携わる役人は、早く言えば外務省のCクラスなんです。Aクラスが最初から関われば、日韓問題なんてもっと早く解決できる。北朝鮮問題にしても、優秀な外交官や名総理が出て来てやらなければ、上手くいかないと思う。その点、私は非常に悲観的に考えています。

堤　初代の朝鮮総督は伊藤博文でしたね。伊藤博文は日韓併合に反対だった。

小山　その通りです。

堤　併合するより、むしろ独立・自立させるほうが日本としてはコストが安く上がると考えていた。ところが安重根に暗殺されてしまった。伊藤が暗殺されなければ、日韓併合はなかったかもしれない。

小山　ですから、明治時代は一流のAクラスの人間が日朝問題に手を付けたんです。

堤　朝鮮を併合すれば、中国やロシアと直接ことを構えることになるから、それよりも朝鮮を独立・自立させたほうが、日本としては国益に合致するというのが伊藤の考え方だった。ですから司馬遼太郎さんは、伊藤は天成の聡明さを持った人物だったと褒めています。

小山　だから大正、昭和、平成の御代になって、やはりアジア外交に携わる人は実力もあり、

Ａクラスの人間であれば解決も早いと思うんです。ところが朝鮮問題やベトナム、カンボジア、インドネシアの問題になると、みんな嫌がる。これは日本外交の欠点の一つだと思います。やはり難しい所、複雑な所、大切な所に日本の外交は一点集中してやるべきなのに、どうも朝鮮外交、アジア外交に携わる人があまり良くない。日本の外交官で朝鮮語を勉強する人はいないものね。

堤　伊藤博文が言っていますよ。韓国宮廷の王にしても高官にしても、一人として独立を断固主張した人はいないじゃないか。朝鮮を独立させようと初めて主張した国は日本だ、中でも個人として朝鮮の独立を主張したのはこの私だと。伊藤博文はそこまで言っている。ところが朝鮮のほうは、ロシアが強ければロシアに付く、清が強ければ清に付く、日本が日清・日露の戦争に勝ったと見れば日本に付く。強い者に付いていれば安全だとする意識がずっとあったんじゃないでしょうか。

小山　シャム（タイ）という国もそうです。強い所に付いて生きながらえ、独立を保って来た。朝鮮半島の場合は、中国を宗主国として、従属する生き方に慣れて来た。朝鮮に関係のある人に殴られるかもしれないけど、朝鮮人は密告と猜疑心、この二つが非常に強い国民性を持った民族だと思いますね。

堤　伊藤博文を暗殺した安重根は立派な人でした。ソウルの安重根記念館に行ったことがあるんですが、その書が凄い。遺した文章も書も実に流麗・雄渾で、教養と憂国の至情に溢れている。第一級の義人ですね。明治の要人たちが彼の書をこぞって所望したのもむべなるかなです。

小山　小野田セメントの社長に安藤豊禄と言う方がいたのです。三井物産出身の人で、小野田セメントの社長を永いことつとめた。これが安重根を非常に褒めていました。傑物ですね。

堤　立派な義人だったけれども、その義人が伊藤博文を殺してしまった。ためにコトは一挙に日韓併合に進んだ。歴史の皮肉を感じます。おそらく伊藤は暗殺を覚悟して初代朝鮮総督に就いたのではないでしょうか。征韓論の西郷隆盛は、俺が行けば向こうは俺を殺すだろうと言いましたね。それと同じで、必死の覚悟で行った。明治政府は何とか朝鮮を自立させようと、当時の予算の四分の一ぐらいのカネを一生懸命に朝鮮半島につぎ込んだ。以後それが積もり積もって、サンフランシスコ平和条約で放棄した日本の在韓資産は、今のカネに直せば九兆円に達するという試算があります。さっきおっしゃった千六百キロの鉄道、ダム、学校、病院、道路ですね。これが韓国経済の基礎になったことは否めない。

対北朝鮮外交では金日成を褒めることだ

小山　私に言わせれば、日本の教育が悪いんです。朝鮮人に対して常に日本のほうが偉い、先生なのだと思っている。朝鮮人を先生にする、自分は生徒のほうだという考えを持ったことがない。日本人は中国人に対してはちょっとそういうところを見せる。中国を先生に見立てて、自分を生徒に見立てる気持ちが日本人にはあるんです。

堤　漢字を教わりましたからね。

小山　ところが、朝鮮人を先生にして自分は生徒だという気持ちになることは少しもない。どこでどう間違ったか、やはり日本の教育でしょうね。私はそう思います。だから韓国や北朝鮮に対して、謙虚な態度で接する政治家なり外交官がいたら、これは成功します。それだけの大きな広い気持ちを持った政治家や外交官がいれば、懸案の諸問題はすぐ解決できると思います。朝鮮人と見れば、一遍も会ったこともない、話もしたこともないのに、俺より下だと見る。悪い教育を受けたんだね。

堤　韓国政府の要人なんかに会うと、なかなかの人物が多いですよ。さっき言った、大平さんと交渉した金鐘泌に青瓦台の首相の部屋で会ったことがあるんです。その時、金鐘泌がしみじみと言っていました。日本には私たちが見て羨ましいものが二つある。一つは天皇です。ウチには天皇がないから国がなかなかまとまりません。二つ目は防衛費です。日本は一パーセントです。当時シーリングを被せて一パーセントでした。ウチは四十三パーセントを北への備えに使わなければなりません。片手を縛って日本と経済競争をやっているようなものですと、しみじみ言っていました。大平さんとやり合ったということは当時は知らなかったけれども、あとで知って、あの人物だったらやっただろうなと思った。

小山　私はウチの会社の顧問をさせた南宮以外は信用しないというぐらい朝鮮人を、悪く言えば軽蔑し、軽視していた。そういう私自身がそういう教育を受けたのでしょうね。裏切り、疑惑、こういう国民性を一番持った悲しい可哀そうな国ですね。

中国人がポータブルにいつも金の延べ棒をポケットに持っていると言われるけれども、これは人を信用しない、いつでも全財産をポケットに入れて逃げる、そういうことを言っているのでしょうが、韓国はもっとすごいですね。日本という国はいい国ですね。蔵を建てて、長い間しまって、取られるなんてことは夢にも考えないような平和な国民です、島国根性とはいえ。やはり海に囲まれているから安全なのでしょう。朝鮮半島と九州辺りがちょっとつながっていたら、日本人も国民性は少し変わっているでしょうね。（笑い）

堤　朝鮮半島は日本への渡り廊下みたいになっていますからね。

小山　だから自転車でやってくるんでしょうね。

堤　だって、釜山なんかに行くと、広島ナンバーの車までゾロゾロ走っている。フェリーで繋がってますから。

小山　トンネルを掘る話がありましたね。

堤　やめたほうがいい。隣の国とトンネルで繋いじゃいけません。北海道や九州を繋ぐのはいいけど（笑い）。

小山　韓国補償問題は、即北朝鮮補償問題になるでしょうね。私はこれ、早くやったほうがいいと思います。勝手なことを言うようですが、北朝鮮と交渉するときには、総理大臣でも外務大臣でも、担当のお役人でも、金日成をもっと褒めなきゃいけない。これ、言うは易しく行なうは難しでしょうけれども。

だって北朝鮮では、金日成は日本で言えば天照大神か神武天皇みたいな存在になっているんです。金日成の銅像に向かってちょっとでもツバを吐き掛けるようなことをしたらすぐ殺される。そのぐらい、死せる金日成は超神様みたいになっている。それを褒めながら外交交渉をすれば、息子の金正日は何でも言うことを聞きますよ。

堤 だけど、脱北の工作員・安明進に言わせれば、金正日はサダム・フセインと同じだという話です。

小山 いずれにしても、金正日と対等か、あるいは下に見て交渉したら、絶対に成功しないです。いま金正日の気持ちは、日米開戦直前の日本の軍部のような気持ちになっています。絶対に日本と戦うのだ、絶対にアメリカと戦うのだと、そう思っている者に向かって居丈高な交渉をしたって駄目です。

堤 小泉首相は、平壌に出かけていって、下手に出て交渉しているじゃないですか。

小山 お父さんの金日成の名前を出さないからイケナイんです。あなたのお父さんは偉かった。あなたはその息子さんでしょう。お父さんならこう考え、こうするでしょうねと言えば、息子はそれじゃお父さんの言う通りにしますということになりますよ。

堤 例えば小泉首相は金正日に、あなた、核なんか持っても何の得にもならない、むしろ核を捨てたほうがあなたの国の得になるのだと、私は何度も金正日にそう述べたと言っているでしょう。ところがそこで、あなたのお父さんの金日成さんだったらそういう風に考えるでしょうと、仮に言ったとします。そうしたら、いや親父は核武装するべきだと言っていたと、こう言われたらどうします？（笑い）

小山　いや、そうは言わないでしょう。日本人の失敗を繰り返さないでしょう。金日成も金正日も一滴の石油も出ない北朝鮮（統一朝鮮）が米ソを向こうにして百も戦わない賢明さをいうよ。もっとアトアトアト。

堤　どうですかねえ。

小山　ドイツの核技術者を、ソ連を通じて、ソ連でも老いぼれになって役に立たなくなった連中を金日成が連れてきたんです。

堤　ソ連から百人ぐらい核技術者を連れてきて。小型核弾頭の研究をやらせたという情報もありますよね。

小山　あれはドイツの技術者です。みんなソ連の技術者だと思っているけれども、そうではない。元はドイツからソ連に引っ張って来た技術者です。金日成は、核の技術をイランとかイラク、パキスタンなどへ売ってカネもうけしようとしたんでしょう。あれはえらいものだと思います。

堤　ＫＥＤＯと言って、北朝鮮エネルギー開発機構でしたか、一九九四年の米朝会議で、核開発をやめる代償に軽水炉の原発を提供する、重油も提供すると合意しましたね。日本も一千億円を拠出して軽水炉の建設が始まった。ところがこれに関係した三菱重工の人間によれば、韓国と北朝鮮と日本と三つの国から技術者が集まって工事が始まったところ、現場一帯に何キロにも渡る柵を張って、その中で作業するわけです。作業員は外に出られない。そうするとだんだんと心がすさんで来て、夜な夜な喧嘩騒ぎが始まるというんです。工事は遅々としてはかどらない。その一方で金正日は、寧辺という所で密かに核を作っていたわけだ。だからアメリカは一度だまされたら二度とだまされないぞというので、いま頑張っている。

小山　おっしゃる通りです。拉致問題なんかでも、金日成だったら、日本語を勉強したい、あるいは日本の文化を勉強したい、日本のような小さい国だけれども力を持った経済強国になりたいと、そう思うのだったら日本語の勉強もしなさい、日本人を先生に連れて来なさいと言って、あなたのお父さんだったら招待状をよこして日本人を連れてきた。ところがあなたはどうですか。招待状どころか人間を拉致して行ったじゃないか。あなたはお父さんの考えと全然違いますねと言ったら、彼はそれで分かりますよ。

いや、本当ですよ。お父さんの名前を出したら、彼は本当に感心して何でも言うことを聞きます。仮にお父さんが核をやれと言ったと言われても、それはお父さんはこう言いますよと。日本人の二の舞をやるなよ、日本人はあわくって、奇襲作戦をやって、あげくはボロ負けした。あなたは日本やアメリカに奇襲作戦をやったら、もう絶対に続かないのですよと。

日本人の轍を踏むな、あなたはここで一歩退いて、そして自分がある程度力がついたらやりなさいよと。お父さんは金丸にそう言いましたよと言えば、すぐに乗りますよ。金丸と金日成の対話は大変でしたよ。やはり金丸というのは、ある面では悪い政治家だったかもしれないが、ある面では大きな人物だったと私は思います。金日成とは肝胆相照らす仲になったそうですから。

堤　あの時、いわゆる戦後補償というやつを四百億ドル、約束したんですよね。さっき言った四兆円。そうするとこれ、韓国のほうが黙っていないでしょう。ちょっと額が違うと言って。片や五億ドルだから。仮に五億ドルを十倍にしても五十億ドル。ちょっと桁が違う。

小山　しかし、今度の六ヵ国協議で、とにかく核から一応手を引いたというのは、金正日というやつはなかなか賢いというか、東条英機とは違う。

堤　手を引いたというけれども、条件付きで、条件が満たされたら手を引くと言っているわけでしょう。それは翌日の平壌放送で言っていましたね。つまりアメリカが軽水炉を提供したら核を放棄しますと、平たく言うとそういうことを言っているわけでしょう。

小山　石油が一滴も出ない北朝鮮が、アメリカを相手にやっても勝てるはずはないです。私は石油が一滴も出ない日本が、よくもアメリカや英国を相手取ってやったと思います。よほど戦争が好きだったのでしょうね。北朝鮮の軍隊、足をぴょんぴょん上げて分列行進しているのを見ると、えらい戦争が好きな国の兵隊さんのように見えるけれども、オモチャの兵隊さんじゃないけれども、あれ、よく踏みとどまってやったと思います。日本人は容易に踏みとどまらなかった。ハワイ作戦を賛成して、そのまま続けて、無条件降伏まで行ってしまった。

堤　昭和天皇独白録に、「今度の戦争は油に始まり、油に終わったようなものだ」と昭和天皇は言っています。あのころ、まさにあと一年半しか石油がもたなかった。日本が立ち腐れていくのを、昭和天皇に限らず、誰しも見たくなかったんでしょうね。

小山　遅くまであなたを引っ張って貴重なお話を伺い、有難うございました。

あとがきにかえて

　終戦直後の日本、特にGHQの軍政下にあった昭和二十七年までは色々な事件があった。東京に例をとって見ても、例えば銀座や新橋では朝鮮人の暴力団と日本人、または台湾系暴力団と日本のテキヤとの抗争など、アウトローの世界でも事件が起きた。

　銀座を歩いていると、角地が台湾系や朝鮮系の持ち主になっている建物が多いのに気付く。終戦までは日本人の土地だったはずが、なぜか第三国人のものになっている原因は今もって分からない。しかし今回、本書を纏めているうちに、「なあんだ、そうだったのか」と唖然としてしまった。

　その一例が、新橋第一ホテルの裏にあった旧朝鮮総督府ビルの一件である。戦前この一帯には高い建物といえば、第一ホテルとNHK、大阪ビル、三井物産ビル、そして朝鮮総督府ビルぐらいで、その他は二~三階建ての建物だった。なかでも内幸町の朝鮮総督府ビル敷地は縦百メートル、横五十メートルの広大なもので、虎ノ門の満鉄ビルと並ぶ巨大な威風堂々たる建物だった。

終戦後、このビルを朝鮮総連が占拠していた。敗戦国日本人は手も出せない。ましてGHQは北朝鮮にソ連が絡んでいることから追い出せない。GHQは運輸省役人で、かつGHQの連絡官でもあった小山健一に調査を極秘命令する。小山健一はこのビルの一件で、日韓併合まで遡って調査したところ、ビルの持ち主は日本政府でも朝鮮総督府のものでもない、朝鮮鉄道の職員が所有者であることを発見し、奪い還している。

語られていない終戦秘話は他にも沢山あるが、小山さんの秘話は実におもしろい。李承晩に一撃を加える結果となった日本船舶の取り戻しの一件は、一役人の骨太さをあらためて知った。

この本は今後のアジア外交への警鐘である。

作家　早瀬利之

付I――日本国との平和条約（抄）（サンフランシスコ講和条約）

昭和二七年四月二八日条約第五号

発効　昭二七・四・二八〔昭和二七外告一〇〕

連合国及び日本国は、両者の関係が、今後、共通の福祉を増進し且つ国際の平和及び安全を維持するために主権を有する対等のものとして友好的な連携の下に協力する国家の間の関係でなければならないことを決意し、よって両者の間の戦争状態の存在の結果として今なお未決である問題を解決する平和条約を締結することを希望するので、

日本国としては、国際連合への加盟を申請し且つあらゆる場合に国際連合憲章の原則を遵守し、世界人権宣言の目的を実現するために努力し、国際連合憲章第五十五条及び第五十六条に定められ且つ既に降伏後の日本国の法制によって作られはじめた安定及び福祉の条件を日本国内に創造するために努力し、並びに公私の貿易及び通商において国際的に承認された公正な慣行に従う意思を宣言するので、

連合国は前項に掲げた日本国の意思を歓迎するので、

よって、連合国及び日本国は、この平和条約を締結することに決定し、これに応じて下名の全権委員を任命した。これらの全権委員は、その全権委任状を示し、それが良好妥当であると認められた後、次の規定を協定した。

第一章　平和

第一条(a)　日本国と各連合国との間の戦争状態は、第二十三条の定めるところによりこの条約が日本国と当該連合国との間に効力を生ずる日に終了する。

(b)　連合国は、日本国及びその領水に対する日本国民の完全な主権を承認する。

第二章　領域

第二条(a)　日本国は、朝鮮の独立を承認して、済州島、巨文島及び鬱陵島を含む朝鮮に対するすべての権利、権原及び請求権を放棄する。

(b)　日本国は、台湾及び澎湖諸島に対するすべての権利、権原及び請求権を放棄する。

(c)　日本国は、千島列島並びに日本国が千九百五年九月五日のポーツマス条約の結果として主権を獲得した樺太の一部及びこれに近接する諸島に対するすべての権利、権原及び請求権を放棄する。

(d)　日本国は、国際連盟の委任統治制度に関連するすべての権利、権原及び請求権を放棄し、且つ、以前に日本国の委任統治の下にあった太平洋の諸島に信託統治制度を及ぼす千九百四十七年四月二日の国際連合安全保障理事会の行動を受諾する。

(e)　日本国は、日本国民の活動に由来するか又は他に由来するかを問わず、南極地域のいずれの部分に対する権利若しくは権原又はいずれの部分に関する利益についても、すべての請求権を放棄する。

(f)　日本国は、新南群島及び西沙群島に対するすべての権利、権原及び請求権を放棄する。

第三条　日本国は、北緯二十九度以南の南西諸島（琉球諸島及び大東諸島を含む）、孀婦岩の南の南方諸島（小笠原群島、西之島及び火山列島を含む）並びに沖の鳥島及び南鳥島を合衆国を唯一の施政権者とする信託統治制度の下におくこととする国際連合に対する合衆国のいかなる提案にも同意する。このような提案が行われ且つ可決されるまで、合衆国は、領水を含むこれらの諸島の領域及び住民に対して、行政、立法及び司法上の権力の全部及び一部を行使する権利を有するものとする。

第四条(a)　この条約の(b)の規定を留保して、日本国及びその国民の財産で第二条に掲げる地域にあるもの並びに日本国及びその国民の請求権（債権を含む）で現にこれらの地域の施政を行っている当局及びそこの住民（法人を含む）に対するものの処理並びに日本国におけるこれらの当局及び住民の財産並びに日本国及びその国民に対するこれらの当局及び住民の請求権（債権を含む）の処理は、日本国とこれらの当局との間の特別取り極めの主題とする。第二条に掲げる地域にある連合国又はその国民の財産は、まだ返還されていない限り、施政を行っている当局が現状で返還しなければならない。（国民という語は、この条約で用いるときはいつでも、法人を含む）

(b)　日本国は、第二条及び第三条に掲げる地域のいずれかにある合衆国軍政府により、又はその指令に従って行われた日本国及びその国民の財産の処理の効力を承認する。

(c)　日本国とこの条約に従って日本国の支配から除かれる領域とを結ぶ日本所有の海底電線は、二等分され、日本国は、日本の終点施設及びこれに連なる電線の半分を保有し、分離される領域は、残りの電線及びその終点施設を保有する。

第三章　安全

第五条(a)　日本国は、国際連合憲章第二条に掲げる義務、特に次の義務を受諾する。

(i)　その国際紛争を、平和的手段によって国際の平和及び安全並びに正義を危うくしないように解決すること。

(ii)　その国際関係において、武力による威嚇又は武力の行使は、いかなる国の領土保全又は政治的独立に対するものも、また、国際連合の目的と両立しない他のいかなる方法によるものも慎むこと。

(iii)　国際連合が憲章に従ってとるいかなる行動についても国際連合にあらゆる援助を与え、且つ、国際連合が防止行動又は強制行動をとるいかなる国に対しても援助の供与を慎むこと。

(b) 連合国は、日本国との関係において国際連合憲章第二条の原則を指針とすべきことを確認する。

(c) 連合国としては、日本国が主権国として国際連合憲章第五十一条に掲げる個別的又は集団的自衛の固有の権利を有すること及び日本国が集団的安全保障取り極めを自発的に締結することができることを承認する。

第六条(a) 連合国のすべての占領軍は、この条約の効力発生の後なるべくすみやかに、且つ、いかなる場合にもその後九十日以内に、日本国から撤退しなければならない。但し、この規定は、一又は二以上の連合国を一方とし、日本国を他方として双方の間に締結された若しくは締結される二国間若しくは多数国間の協定に基づく、又はその結果としての外国軍隊の日本国の領域における駐屯又は駐留を妨げるものではない。

(b) 日本国軍隊の各自の家庭への復帰に関する千九百四十五年七月二十六日のポツダム宣言の第九項の規定は、まだその実施が完了されていない限り、実行されるものとする。

(c) まだ代価が支払われていないすべての日本財産で、占領軍の使用に供され、且つ、この条約の効力発生の時に占領軍が占有しているものは、相互の合意によって別段の取り極めが行われない限り、前記の九十日以内に日本国政府に返還しなければならない。

第四章　政治及び経済条項（略）

第五章　請求権及び財産

第一四条(a) 日本国は、戦争中に生じさせた損害及び苦痛に対して、連合国に賠償を支払うべきことが承認される。しかし、また、存立可能な経済を維持すべきものとすれば、日本国の資源は、日本国がすべての前記の損害及び苦痛に対して完全な賠償を行い且つ同時に他の債務を履行するためには現在充分でないことが承認される。

よって、
1　日本国は、現在の領域が日本国軍隊によって占領され、且つ、日本国によって損害を与えられた連合国が希望するときは、生産、沈船引き揚げその他の作業における日本人の役務を当該連合国の利用に供することによって、与えた損害を修復する費用をこれらの国に補償することに資するために、当該連合国とすみやかに交渉を開始するものとする。その取り極めは、他の連合国に追加負担を課することを避けなければならない。また、原材料からの製造が必要とされる場合には、外国為替上の負担を日本国に課さないために、原材料は、当該連合国が供給しなければならない。

2　(Ⅰ)　次の(Ⅱ)の規定を留保して、各連合国は、次に掲げるもののすべての財産、権利及び利益でこの条約の最初の効力発生の時にその管轄の下にあるものを差し押え、留置し、清算し、その他何らかの方法で処分する権利を有する。
(a)　日本国及び日本国民
(b)　日本国又は日本国民の代理者又は代行者　並びに
(c)　日本国又は日本国民が所有し、又は支配した団体
この(Ⅰ)に明記する財産、権利及び利益は、現に封鎖され、若しくは所属を変じており、又は連合国の敵産管理当局の占有若しくは管理に係わるもので、これらの資産が当該当局の管理の下におかれた時に前記の(a)、(b)又は(c)に掲げるいずれかの人又は団体に属し、又はこれらのために保有され、若しくは管理されていた

ものを含む。

(II) 次のものは、前記の(I)に明記する権利から除く。

(i) 日本国が占領した領域以外の連合国の一国の領域に当該政府の許可を得て戦争中に居住した日本の自然人の財産。但し、戦争中に制限を課され、且つ、この条約の最初の効力発生の日にこの制度を解除されない財産を除く。

(ii) 日本国政府が所有し、且つ、外交目的又は領事目的に使用されたすべての不動産、家具及び備品並びに日本国の外交職員又は領事職員が所有したすべての個人の家具及び用具類その他の投資的性質をもたない私有財産で外交機能又は領事機能の遂行に通常必要であったもの。

(iii) 宗教団体又は私的慈善団体に属し、且つ、もつぱら宗教又は慈善の目的に使用した財産。

(iv) 関係国と日本国との間における千九百四十五年九月二日後の貿易及び金融の関係の再開の結果として日本国の管轄内にはいった財産、権利及び利益。但し、当該連合国の法律に反する取引から生じたものを除く。

(v) 日本国若しくは日本国民の債務、日本国に所在する有体財産に関する権利、権原若しくは利益、日本国の法律に基づいて組織された企業に関する利益又はこれらについての証書。但し、この例外は、日本国の通貨で表示された日本国及びその国民の債務にのみ適用する。

(III) 前記の例外(i)から(v)までに掲げる財産は、その保存及び管理のために要した合理的な費用が支払われることを条件として、返還しなければならない。これらの財産が清算されているときは、代わりに売得金を返還しなければならない。

(Ⅳ)　前記の(Ⅰ)に規定する日本財産を差し押え、留置し、清算し、その他何らかの方法で処分する権利は、当該連合国の法律に従って行使され、所有者は、これらの法律によって与えられる権利のみを有する。

(Ⅴ)　連合国は、日本の商標並びに文学的及び美術的著作権を各国の一般的事情が許す限り日本国に有利に取り扱うことに同意する。

(b)　この条約に別段の定めがある場合を除き、連合国は、連合国のすべての賠償請求権、戦争の遂行中に日本国及びその国民がとった行動から生じた連合国及びその国民の他の請求権並びに占領の直接軍事費に関する連合国の請求権を放棄する。

第一五条—第一八条（略）

第一九条(a)　日本国は、戦争から生じ、又は戦争状態が存在したためにとられた行動から生じた連合国及びその国民に対する日本国及びその国民のすべての請求権を放棄し、且つ、この条約の効力発生の前に日本国領域におけるいずれかの連合国の軍隊又は当局の存在、職務遂行又は行動から生じたすべての請求権を放棄する。

(b)—(d)（略）

第二〇条・第二一条（略）

第六章　紛争の解決（略）

第七章　最終条項

第二三条(a)　この条約は、日本国を含めて、これに署名する国によって批准されなければならない。この条約は、批准書が日本国により、且つ、主たる占領国としてのアメリカ合衆国を含めて、次の諸国、すなわちオーストラリア、カナダ、セイロン、フランス、インドネシア、オランダ、ニュー・ジーランド、パキスタン、フィリピン、グレート・ブリテン及び北部アイルランド連合王国及びアメリカ合衆国の過半数により寄託された時に、その時に批准しているすべての国に関して効力を生ずる。この条約は、その後これを批准する各国に関してはこの批准書の寄託の日に効力を生ずる。

この条約が日本国の批准書の寄託の日の九ヵ月以内に効力を生じなかったときは、これを批准した国は、日本国の批准書の寄託の日の後三年以内に日本国政府及びアメリカ合衆国政府にその旨を通告して、自国と日本国との間にこの条約の効力を生じさせることができる。

第二四条　すべての批准書は、アメリカ合衆国政府に寄託しなければならない。同政府は、この寄託、第二十三条(a)に基づくこの条約の効力発生の日及びこの条約の第二十三条(b)に基づいて行われる通告をすべての署名国に通告する。

第二五条　この条約の適用上、連合国とは、日本国と戦争していた国又は以前に第二十三条に列記する国の領域の一部をなしていたものをいう。但し、各場合に当該国がこの条約に署名し且つこれを批准したことを条件とする。第二十一条の規定を留保して、この条約は、ここに定義された連合国の一国でないいずれの国に対しても、いかなる権利、権原又は利益も与えるものではない。また、日本国のいかなる権利、権原又は利益も、この条約のいかなる規定よっても前記のとおり定義された連合国の一国でない国のために減損され、又は害されるものとみなしてはならない。

第二六条　日本国は、千九百四十二年一月一日の連合国宣言に署名し若しくは加入しており且つ日本国に対して戦争状態にある国又は以前に第二十三条に列記する国の領域の一部をなしていた国で、この条約の署名国でないものと、この条約に定めるところと同一の又は実質的に同一の条件で二国間の平和条約を締結する用意を有すべきものとする。但し、この日本国の義務は、この条約の最初の効力発生の後三年で満了する。日本国が、いずれかの国との間で、この条約で定めるところよりも大きな利益をその国に与える平和処理又は戦争請求権処理を行ったときは、これと同一の利益は、この条約の当事国にも及ぼさなければならない。

第二七条　この条約は、アメリカ合衆国政府の記録に寄託する。同政府は、その認証謄本を各署名国に交付する。

付Ⅱ――クリミア会議の議事に関する議定書（「ヤルタ協定」抄）

ヤルタにて　一九四五年二月十一日調印［一九四五年］二月四日から十一日までおこなわれたアメリカ合衆国、連合王国およびソヴェト社会主義共和国連邦の政府首班によるクリミア会議は次の結論に到達した。

Ⅰ　世界機構

次のとおりに決定された。

1　提案された世界機構に関する連合国会議は一九四五年四月二十五日水曜日に招集され、かつアメリカ合衆国においてひらかれる。

2　この会議に招集される国々は

(a)　一九四五年二月八日現在の連合諸国および

(b)　同盟諸国のうち一九四五年三月一日まで共通の敵に対して宣戦したもの（右に関して、同盟諸国“Associated Nations”とある語は八つの同盟諸国およびトルコを意味する）。世界機構に関する会議がひらかれる場合、連合王国およびアメリカ合衆国両代表は二つのソヴェト社会主義共和国、すなわちウクライナおよび白ロシア共和国を原加盟国として承認するという提案を支持するであろう。

3　アメリカ合衆国政府は三大国を代表し、提案された世界機構に関してこの「クリミア」会議でなされた決定について中華民国政府およびフランス共和国臨時政府の意見をもとめる。

4　連合国会議に参加するすべての国々に発せられる招請状の本文は左記のとおりとする。

招請状

「アメリカ合衆国政府は、自己および連合

王国、ソヴェト社会主義共和国連邦および中華民国政府ならびにフランス共和国臨時政府のために、国際平和および安全の維持のための全般的国際機構に関する憲章を作成するため、一九四五年四月二十五日あるいはその後すみやかにアメリカ合衆国サンフランシスコにおいてひらかれる連合国会議に代表を送るよう……国政府に要請します。

前記の諸政府は、この〔サンフランシスコ〕会議が、ダンバートンオークス会議の結果として昨〔一九四四〕年十月公表され、かつまた、第六章Cとして次の規定によってあらたに補足された全般的国際機構設置に関する提案を、右の憲章〔作成〕のためにひとつの基礎を供するものとして審議するよう提議いたします。

〔第六章〕C　表決

1　安全保障理事会の各理事国は一個の投票権を有する。

2　手続き事項に関する安全保障理事会の決定は七理事国の賛成投票によってなさなければならない。

3　ほかの一切の〔非手続き〕事項に関する安全保障理事会の決定は、常任理事国の賛成投票を含む七理事国の賛成投票によってなされなければならない。ただし、第八章A及び第八章C第一項第二文章にもとづく決定の場合には紛争当時国は投票を差し控えなければならない。

準備に関するその他の情報は追って送付されます。

……国政府が本提案に関する意見または批評を会議に先立ち提出しようと希望する場合には、アメリカ合衆国は右の意見または批評を他の参加国によろこんで伝達するでしょう。

地域的信託統治

安全保障理事会に常任の席をもつこととな

る五大国は、連合国会議に先立ち地域的信託統治の問題について互いに協議することに合意した。この勧告の受諾にあたっては、地域的信託統治が次の場合にのみ適用されることを条件とする。(a) 国際連盟の現存する委任統治、(b) 現在の戦争の結果敵国から分離された地域、および、(c) 自発的に信託統治の下におかれる可能性のあるいずれかの他の地域、(d) 現行の〔領土とされている〕地域に関しては、きたるべき連合国会議またその予備協議においていかなる討議も予定されていない。また、前記の諸範疇に含められたいずれの地域が信託統治の下におかれるかは、さらに今後の協定によって決定されることになろう。

(中略)

Ⅲ　ドイツの分割

ドイツに対する降伏条項第十二条(a)を次のように修正することについて意見が一致した。

「連合王国、アメリカ合衆国およびソヴェト社会主義共和国連邦は、ドイツに関して最高の権力を保有する。右の権力の行使に当たっては、三国は、ドイツの完全な武装解除、非軍事化、分割を含めて、三国が将来の平和と安全に緊要とみとめる措置をとるであろう」

ドイツ分割のための手続きの検討は、イーデン（議長）、ワイナントおよびグーセフ諸氏からなる委員会に委託された。右委員会はフランス代表をそのなかに加えることが望ましいかどうかを審議するであろう。

(中略)

Ⅴ　賠　償

次の議定書が承認された。

ドイツの現物賠償問題に関するクリミア会議における三国政府首班の間の会談についての議定書

1　ドイツは、戦争の間、ドイツが連合諸国に対して生ぜしめた損害に対して現物をもって支払わなければならない。賠償は、大きい戦費を負担し、最も重い損害をこうむり、かつ敵国に対する勝利を実現させた諸国がまず受け取らなければならない。

2　現物賠償は次の三つの方式によってドイツから取り立てなければならない。

(a)　ドイツの降伏後または組織的抵抗の終了後二年以内に、ドイツ自体の領域内および領域外にあるドイツの国民資産（設備、工作機械、船舶、鉄道車両、ドイツの海外投資、ドイツ内にある工業、運輸その他の企業の株式など）からなされる撤去。これらの撤去は主としてドイツの潜在戦力を壊滅する目的をもっておこなわれる。

(b)　今後に決定される期限までの間、日々の生産から貨物の毎年ごとの引き渡し。

(c)　ドイツ労働力の使用。

3　前記の原則にもとづいてドイツからの賠償取り立てに関する詳細な計画を作成するためにモスクワに連合国賠償委員会を設置する。この委員会は三名の代表者すなわちソヴェト社会主義共和国連邦から一名、連合王国から一名、アメリカ合衆国の一名からなる。

4　賠償総額の決定およびドイツの侵略に苦しんだ諸国間への右総額の分配に関してソヴェト連邦およびアメリカ代表団は次のとおりに同意した。

「モスクワ賠償委員会はその当初の段階の検討において、第二項(a)および(b)による賠償総額を二百億ドルとし、またそのうちの五十％はソヴェト社会主義共和国連邦に帰するものとするソヴェト政府の提案を討議の基礎としてとりあげなければならない」

英国代表団は、モスクワ賠償委員会が賠償問題の審議をはじめるまでは、いかなる賠償額の数字も示すべきではないという意見を述べた。

前記のソヴェト連邦とアメリカ合衆国との共同提案は、モスクワ賠償委員会が審議すべき提案のひとつとして同委員会に回付された。（一九四五年二月十一日、ウィンストン・S・チャーチル、フランクリン・D・ルーズヴェルトおよびヨシフ・V・スターリン署名）

VI　重要な戦争犯罪人

本会議は、重要な戦争犯罪人の問題を、会議の終了後、適当な時期におこなわれる報告のための、三国外務大臣による調査の主題とすることについて意見が一致した。

（中略）

前記の議定書は、一九四五年二月十一日、クリミア会議において三国外務大臣によって承認され、かつ署名された。

E・R・ステティニアス

V・モロトフ

アンソニー・イーデン

付Ⅲ――クリミア会議に関する三首脳のコミュニケ（抄）

Ⅰ　ドイツの敗北

われわれは共同の敵を最終的にうち破るために、連合三ヵ国の軍事計画を討議し、決定した。会議の期間、三ヵ国の軍参謀部は連日会合をひらいた。あらゆる見地からみてこれらの会合はきわめて満足すべきものであり、三ヵ国の戦争努力の一層緊密な協調を達成することができた。情報についての完全なる相互交換もおこなわれた。われらの陸海空軍が東西南北から発してドイツの心臓部を衝こうとする、あらたなさらに一層猛烈な攻撃の時期、規模、協力については完全な合意のもとに決定がおこなわれ、詳細な計画作成の対象となった。

連合作戦計画はそれが実行に移されるときはじめて明らかにされるであろう。しかし、われわれは、本会議において実現をみた三ヵ国軍参謀部の緊密な協力は戦争終結を早める結果をもたらすであろうと確信している。三ヵ国軍参謀部はその必要のみとめられるたびごとに今後とも会合を継続することになろう。

ナチス・ドイツの敗北はさだまった。ドイツ人民は望みなき抵抗の継続をこころみることによって、敗北の犠牲をさらに深めるだけである。

Ⅱ　ドイツの占領と管理

われわれは、ドイツの軍事抵抗が完全に壊滅させられたのち、われらがナチス・ドイツに課する無条件降伏の諸条項の履行を確保するために、採択すべき共同政策と共同計画について意見の一致に達した。これらの諸政策はドイツの敗北が完全に終結するまでは公表されないであろう。

採択された計画は、三ヵ国のそれぞれがその軍隊をもってドイツ内のそれぞれ別個の地域を占領することをさだめている。

三ヵ国は、三ヵ国の軍総司令官からなり、ベルリンにその本部をおく中央管理委員会を通じての管理行政の協調を考えている。また、三ヵ国は、フランスが望むならば、フランスが一地域を占領し、第四番目のメンバーとして管理委員会に参加するよう招請することについて合意した。フランス占領地域の範囲は、ヨーロッパ諮問委員会の四ヵ国代表の合議を通じて、四ヵ国政府の間の合意をもって決定される。

われわれはドイツの軍国主義とナチズムを絶滅し、ドイツをして今後は世界の平和を攪乱させないとする、ゆるぎなき決意を固めている。われわれは、ドイツの全軍事力を武装解除し、解体し、ドイツ軍国主義をいくたびか復活せしめることに成功したドイツ軍総参謀部を最終的に解散せしめ、ドイツの全軍事施設を撤去ないしは破壊し、軍需生産に利用されかねないドイツ産業を廃止または管理し、あらゆる戦争犯罪人に対してすみやかに公正な処罰をくわえ、ドイツ人によってひきおこされた破壊に対しては厳格な現物賠償を要求する決意をもっている。われわれは、ナチ党、国粋社会主義（ナショナル・ソシアリズム）的法律、国粋社会主義の諸組織と制度を一掃し、ドイツ人民の公共の職務、文化および経済生活が国粋社会主義と軍国主義の影響をいっさいこうむらないように庇護し、将来にわたる世界の平和と安全を確保するに必要なその他のあらゆる措置を、ドイツにおいて共同の合意のもとに、とる決意をもっている。

ドイツ人民の絶滅はわれわれの意図するところではないが、ドイツ人は国粋社会主義と軍国主義を根絶したのちにあらざれば、連合国機構においてしかるべき存在と地位を占めることを希望できないであろう。

Ⅲ　ドイツに課せられる賠償

われわれはまた、ドイツがこのたびの戦争で連合諸国にひきおこした損害の問題を検討し、かかる損害に対する力の及ぶかぎりの完全な賠償をドイツに強制することは公正であると考えるものである。ひきおこされた損害の賠償を検討する委員会が設置された。右委員会は、いかなる程度、いかなる方法で賠償を実現するかを調査する任務をおびている。右委員会の本部はモスクワにおかれるであろう。

IV　連合国会議の招集

われわれはわれらの連合諸国とともに、平和と安全を維持するための全般的国際機構をできうるかぎり早く創設することにきめた。

われわれは、かかる機構が、すべての平和愛好国民の緊密で恒久的な協力を通じて、あらたな侵略を防止し、戦争の政治的、経済的、社会的原因を除去するうえに重要であると信ずるものである。

この機構の基礎はダンバートンオークスにおいてうちたてられた。当時においては投票方式に関する重要問題について意見の一致をみることはできなかった。しかし、このたびの会議はこの困難を解決することができた。

われわれは、一九四五年四月二十五日、サンフランシスコにおいて連合国会議の開催を招集し、ダンバートンオークスにおける非公式会談を基礎として右機構の憲章を作成することについて合意に達した。中華民国政府とフランス共和国臨時政府とはただちに協議のうえで、アメリカ合衆国、連合王国およびソヴェト社会主義共和国連邦とともに招請国のなかに加わることが要請されるであろう。中国およびフランスとの協議ののち、投票方式に関する提案の本文が公表されるであろう。

IX　戦時と平和時における結束

クリミアでひらかれたこのたびの会議は、今次の戦争において連合国の勝利を可能とし、また確実ならしめた目的と行動の結束を、きたるべき平和時においても維持し、強化していくというわれらの共同の決意を確認した。われわれは、この結束にこそ、われわれの政府がわれわれの人民と全世界に対して誓約した神聖な義務があると信ずるものである。

われわれ三ヵ国とすべての平和を愛する国々との間にうちたてられた協力と協調を追求し、ひろげていくことによってのみ、人類最高の祈念は実現できるであろう。すなわち人類最高の祈念とは、大西洋憲章の文字によるならば、脅威と貧窮から庇護されて、人びとがその生活を生きる可能性をあらゆる国々のすべての人びとに保障する、堅固で、永続的な平和を実現することである。

今次の戦争における勝利と予定される国際機構の樹立は、きたるべき年々に、かかる平和の基本条件をつくりだすうえに、人類の歴史上、最良の機会を提供するであろう。

W・S・チャーチル
F・D・ルーズヴェルト
I・V・スターリン

付Ⅳ――極東問題に関するヤルタ密約

三大国――ソ連、アメリカ、英国――の指導者は、ドイツが降伏し、かつヨーロッパの戦争が終結して二、三ヵ月後、ソ連が左の条件にしたがい、連合国に与《くみ》して日本に対する戦争に参加することについて合意した。

1　外蒙古（モンゴル人民共和国）の現状の維持。

2　一九〇四年日本の裏切りの攻撃（the treacherous attack）によって侵害されたロシア国の旧権利を次のように回復する。

(A)　サハリン（樺太）南部とこれに隣接するすべての島々はソ連に返還される。

(B)　大連商業港は国際化され、同港におけるソ連の優先的利益は擁護される。また、ソ連の海軍基地としての旅順港の租借権は回復される。

(C)　東支鉄道および大連への出口を供与する南満州鉄道は中ソ合弁会社の設立により共同に運営される。ただしソ連の優先的利益は保障され、中国は満州において完全な主権を保有するものとする。

3　千島諸島はソ連に引き渡される（……shall be handed over）

前記の外蒙古、港湾、鉄道に関する協定は蔣介石総統の同意を要するものとする。大統領はスターリン元帥から通告のあり次第、右の同意を得るための措置をとる。

三大国の首班は、日本の敗北の後、ソ連の右の諸請求が確実に実行されることについて合意した。

一方ソ連は、中国を日本の軛から解放する目的をもって、その軍隊により中国を援助するため、中ソ友好同盟条約を中華民国政府と締結する用意があることを表明する。

ヨシフ・V・スターリン

フランクリン・D・ルーズヴェルト
ウィンストン・S・チャーチル
一九四五年二月十一日

付Ⅴ――ポツダム対日宣言

ポツダム　一九四五年七月二十六日

1　われら――合衆国大統領、中華民国政府首席および大英帝国首相は、われらの数億の国民を代表し、協議のうえ、日本に対して今次の戦争を終結せしめる機会をあたえることに意見の一致をみた。

2　合衆国、英帝国、中華民国の巨大な陸海空軍は、西方より〔移送された〕自国三軍の数倍の増強を得て、日本に対して最後の打撃を加える態勢をととのえた。右の軍事力は、日本が抵抗をやめるまでは、日本に対して戦争を完遂しようとする全連合諸国の決意によってささえられ、かつ鼓舞されている。

3　起ち上がった世界の自由な人民の力に対するドイツの無益、無意味な抵抗の結果は、日本の国民にとってもきわめて明白な先例となるであろう。現在日本に対して集結されている力は、抵抗のナチスに対して応用されたとき、全ドイツ国民の土地、産業、生活様式を必然的に荒廃に帰せしめた力と比較しても測り知れないほど強大である。われらの決意によって支持されるわれらの軍事力の最高度の使用は、日本軍隊の不可避かつ完全な壊滅、また同様に必然的に、日本本国の完全なる破壊を意味するであろう。

4　分別なき打算によって日本帝国を滅亡の淵に陥れた身勝手な軍国主義的助言者によって日本が今後もひきつづき統御されていくか、あるいはまた、日本が理性の道をふみゆくか、日本にとって決定すべき時は到来した。

5　われわれの条件は次のとおりである。われわれは〔ここに述べる〕条件から離れないであろう。これに代わる条件も存在しない。われわれは遅延をみとめない。

6　われわれは、無責任な軍国主義が駆逐されるまでは、平和、安全および正義の新秩序は達成されえないことをつよく主張するものであるから、日本国民をだまし、世界征服の挙に乗りだす誤りをおかさしめたものの権力と勢力は永久に除去されなければならない。

7 右の新秩序がうちたてられるまで、そして、日本の戦争遂行能力の破壊が確認されるまでは、連合国の指定する日本国領土の諸地点は、われらがここに明らかにする基本目的の達成を確保するために占領されるであろう。

8 カイロ宣言の諸条項は実行され、また、日本国の主権は本州、北海道、九州および四国、さらにわれらの決定する諸小島に限定されるであろう。

9 日本国軍隊は完全に武装解除されたのち、各自の家庭に復帰して、平和で生産的な生活を営む機会をうるであろう。

10 われわれは日本人を民族として奴隷化し、また国民として滅亡させようとする意図をもたないが、われらの俘虜に虐待を加えたものを含めて、すべての戦争犯罪人に対しては厳重な処罰をもってのぞむであろう。日本政府は、日本国民の間における民主主義的傾向の復活と強化を妨げるいっさいの障害を除去しなければならない。言論、宗教、思想の自由ならびに基本的人権の尊重は確立されなければならない。

11 日本はその経済を支え、かつ公正な現物賠償の取り立てを可能ならしめるような産業を維持することがゆるされるであろう。しかし、戦争のための再軍備を可能ならしめる産業はゆるされない。右の目的のため、原料の入手はみとめられるが、原料を支配することはその限りではない。日本は将来世界貿易への参加をみとめられるであろう。

12 これらの諸目的が達成され、日本国民の自由に表明された意思に従い、平和的傾向をもった責任ある政府が樹立されるならば、連合国占領軍はすみやかに日本から撤収するであろう。〔スティムソン草案にはこのあとに次の文字があったが、宣言本文の作成にあたって抹消された。「かかる政府が、日本における侵略的軍国主義の発展を将来とも不可能ならしめる平和政策を推進するという純正の決意（を固めていること）について、平和を愛好する国々が確信をもちうるならば、これ（政体）は現在の皇統（天皇家）のもとにおける立憲君主制を含めることも可能であろう」〕

13　われわれは、日本政府がただちに全日本国軍隊の無条件降伏を宣言し、かつ右の行動における同政府の誠意について適当で充分な保障を提供することを日本政府に要求する。日本が右に述べた以外の選択をとるならば、すみやかな、かつ完全な破壊あるのみ。

単行本　平成十七年十二月　光人社刊

NF文庫

私だけが知っている昭和秘史

二〇一八年一月二十二日　第一刷発行

著　者　小山健一

発行者　皆川豪志

発行所　株式会社　潮書房光人新社

〒100-8077　東京都千代田区大手町一-七-二

電話／〇三-六二八一-九八九一(代)

印刷・製本　株式会社堀内印刷所

定価はカバーに表示してあります
乱丁・落丁のものはお取りかえ
致します。本文は中性紙を使用

ISBN978-4-7698-3049-8 C0195

http://www.kojinsha.co.jp

NF文庫

刊行のことば

第二次世界大戦の戦火が熄《や》んで五〇年――その間、小社は夥しい数の戦争の記録を渉猟し、発掘し、常に公正なる立場を貫いて書誌とし、大方の絶讃を博して今日に及ぶが、その源は、散華された世代への熱き思い入れであり、同時に、その記録を誌して平和の礎とし、後世に伝えんとするにある。

小社の出版物は、戦記、伝記、文学、エッセイ、写真集、その他、すでに一、〇〇〇点を越え、加えて戦後五〇年になんなんとするを契機として、「光人社NF（ノンフィクション）文庫」を創刊して、読者諸賢の熱烈要望におこたえする次第である。人生のバイブルとして、心弱きときの活性の糧《かて》として、散華の世代からの感動の肉声に、あなたもぜひ、耳を傾けて下さい。

＊潮書房光人新社が贈る勇気と感動を伝える人生のバイブル＊

ＮＦ文庫

現代史の目撃者 動乱を駆ける記者群像
上原光晴
頻発する大事件に果敢に挑んだ名記者たち――その命がけの真実追究の活動の一断面、熱き闘いの軌跡を伝える昭和の記者外伝。

生存者の沈黙 悲劇の緑十字船阿波丸の遭難
有馬頼義
昭和二十年四月一日、米潜水艦の魚雷攻撃により撃沈された客船阿波丸。事件の真相解明を軸にくり広げられる人間模様を描く。

海兵四号生徒 江田島に捧げた青春
豊田　穣
海軍兵学校に拠り所をもとめ、時の奔流に身を投じ、思い悩む若者たちを描く。直木賞作家が自らを投影した感動の自伝的小説。

大西郷兄弟物語 西郷隆盛と西郷従道の生涯
豊田　穣
朝敵として斃れた兄隆盛と時代の潮流を見すえて、新生日本の舵取り役となった弟従道。大人物の内面を照射した感動の人物伝。

特攻基地の少年兵 海軍通信兵15歳の戦争
千坂精一
母と弟を守らんと海軍に志願した少年――小さな身体で苛烈な訓練と制裁に耐え、あこがれの航空隊で知った軍隊と戦争の真実。

「敵空母見ユ！」 空母瑞鶴戦史［南方攻略篇］
森　史朗
史上初の日米空母対決！　航空撃滅戦の全容を日米双方の視点から立体的にとらえた迫真のノンフィクション。大航空戦の実相。

潮書房光人新社が贈る勇気と感動を伝える人生のバイブル

NF文庫

不戦海相 米内光政 生出 寿
昭和最高の海軍大将
海軍を運営して国を誤らず、海軍を犠牲にして国家と国民を破滅から救う。抜群の功績を残した不世出の海軍大臣の足跡を辿る。

空想軍艦物語 瀬名堯彦
冒険小説に登場した最強を夢見た未来兵器
ジュール・ヴェルヌ、海野十三……少年たちが憧れた未来小説の主役として活躍する、奇想天外な兵器をイラストとともに紹介。

私記「くちなしの花」 赤沢八重子
ある女性の戦中・戦後史
『くちなしの花』姉妹篇——一戦没学生の心のささえとなった最愛の人が、みずからの真情を赤裸々に吐露するノンフィクション。

蒼天の悲曲 須崎勝彌
学徒出陣
日本敗戦の日から七日後、鹿島灘に突入した九七艦攻とその仲間たちの死生を描く人間ドラマ——著者の体験に基づいた感動作。

特攻長官 大西瀧治郎 生出 寿
負けて目ざめる道
統率の外道といわれた特攻を指揮した大西瀧治郎海軍中将。敗戦後、神風特攻の責めを一身に負って自決した猛将の足跡を辿る。

日本陸軍の機関銃砲 高橋 昇
戦場を制する発射速度の高さ
歩兵部隊の虎の子・九二式重機関銃、航空機の守り神・八九式旋回機関銃など、陸軍を支えた各種機関銃砲を写真と図版で紹介。

＊潮書房光人新社が贈る勇気と感動を伝える人生のバイブル＊

ＮＦ文庫

海軍水上機隊　高木清次郎ほか

体験者が記す下駄ばき機の変遷と戦場の実像

前線の尖兵、そして艦の目となり連合艦隊を支援した縁の下の力持ち——世界に類を見ない日本海軍水上機の発達と奮闘を描く。

特攻隊語録　北影雄幸

戦火に咲いた命のことば

祖国日本の美しい山河を、そこに住む愛しい人々を守りたい——特攻散華した若き勇士たちの遺書・遺稿にこめられた魂の叫び。

四人の連合艦隊司令長官　吉田俊雄

日本海軍の命運を背負った提督たちの指揮統率

山本五十六、古賀峯一、豊田副武、小沢治三郎各司令長官とスタッフたちの指揮統率の経緯を分析、日本海軍の弊習を指弾する。

日本陸軍の大砲　高橋　昇

戦場を制するさまざまな方策

開戦劈頭、比島陣地戦で活躍した九六式十五センチ加農砲、満州国境に布陣した四十一センチ榴弾砲など日本の各種火砲を紹介。

慈愛の将軍 安達二十三　小松茂朗

第十八軍司令官 ニューギニア戦記

食糧もなく武器弾薬も乏しい戦場で、常に兵とともにあり、敵将からその巧みな用兵ぶりを賞賛された名将の真実を描く人物伝。

偽りの日米開戦　星　亮一

なぜ、勝てない戦争に突入したのか

自らの手で日本を追いつめた陸海軍幹部たち。敗戦の責任は本当に彼らだけにあるのか。知られざる歴史の暗部を明らかにする。